MW01196723

# ¡ACTUALIZA TU VIDA!

## Creencias, emociones, bienestar y prosperidad

## NURIA GONHER

Los secretos que no aprendí en la escuela

© 2019, Nuria Gonher

ISBN: 978-10-756-0169-9

https://www.nuriagonher.com

*Diseño de cubierta*: Nuria Gonher
*Diseño y maquetación de tripa:*
MarianaEguaras.com

*Este libro se lo dedico **a mis padres** por darme la vida.*
*A **Alex**, mi compañero de viajes, porque sin él nada sería igual.*
*Y a **mi hija Lúa**, por inspirarme y permitirme hacerlo real.*

*¡GRACIAS, GRACIAS, GRACIAS!*

# SUMARIO

# PRÓLOGO

Siempre he tenido la certeza de que **nuestra mente tiene un poder ilimitado**. Que podemos sanarnos y enfermarnos, crear y destruir; que podemos ser lo que queramos ser... sin necesidad de salir de nosotros mismos. Sin embargo, viví tan sumergida en mis creencias limitantes, que ha sido preciso dedicar años de investigación personal para ser capaz de revisarlas, contrastarlas y verificar por mí misma lo que muchas de las fuentes que menciono aseguran. Y darles a esas creencias incapacitantes un giro de ciento ochenta grados. Ese pasado restrictivo ya no existe para mí.

El libro que tienes entre manos es un texto extraordinariamente simple y práctico para que vivas en estado óptimo de salud, dinero y amor, como decía la canción. Solo necesitas contar contigo, iniciar un camino increíble que, si acaso, concluye cuando compruebas que no es una utopía y que puedes constatar tus logros.

Antes de utilizar las estrategias que expongo, te contaré que vivía en un apartamento de treinta y tres metros cuadrados, trabajaba como camarera solo por dinero, tenía una deuda (hipoteca) de más de cien mil euros, más de treinta kilos de sobrepeso y una relación de pareja estancada. Por circunstancias que si sigues leyendo conocerás, de un día para otro, mi vida se desmoronó. Viví lo que llaman "la noche oscura del alma". Me quise morir. Y a partir de ahí, todo cambió.

Había dedicado más de la mitad de mi vida a aprender sobre desarrollo personal en busca de mi paz interior. Había leído cientos de libros, me formé en diferentes disciplinas como yoga, reiki, meditación, medicina ayurvédica, *mindfulness*, regresiones, nutrición, bioneuroemoción, inteligencia emocional y financiera. Había vivido en diferentes países como España, Irlanda, Escocia, Bélgica, India y Francia. Me fui nutriendo de cada enseñanza, cultura y forma de vida. Pero ninguno de estos conocimientos me servía para ayudarme a sentirme mejor. Solo ser consciente de que **el conocimiento sin acción no sirve de nada** y ponerme manos a la obra me salvó: me propuse llevar a cabo, una por una, las cosas aprendidas que ahora comparto contigo. Fue una decisión.

De lo que he aprendido nace este deseo de compartir y me ha llevado a escribir este libro. Nos conectan las mismas emociones: rabia, miedo, tristeza, alegría... y tenemos un mismo punto de partida: la necesidad de gestionarlas. Si crees que tus pensamientos no van a ninguna parte y que no tienen nada que ver con tus células, si piensas que deberías mejorar tu economía o si sientes que no estás al cien por cien de energía en tu día a día, estás en la línea de salida que describo.

Lo que cuento es el resumen de un aprendizaje personal, de un encuentro conmigo misma. Ahora puedo decirte por experiencia propia que **la llave de cualquier puerta que quieras abrir está en tus manos**. Que los maestros, gurús, *coaches*, sacerdotes, guías, o como quieras llamarlos, solo pueden mostrarte el camino. La maravilla es que eres tú quien debe recorrerlo y llevar a cabo los cambios necesarios para lograr lo que deseas. El cambio es imprescindible: es obvio que si haces lo de siempre tus resultados serán idénticos (...los de siempre). **En el cambio está la evolución.**

¿Te has planteado alguna vez de dónde vienen tus creencias? ¿Te has parado a pensar si realmente te son útiles o si, por el contrario, te limitan? El primer capítulo del libro gira alrededor de este tema. Para mí fue de vital importancia ponerlo todo en cuestión para empezar a despertar.

Nadie en el colegio me habló sobre emociones, para qué sirven o qué hacer con ellas. Por eso dedico gran parte del libro a la inteligencia emocional, porque supone un salto exponencial en tu relación con otras personas y contigo mismo. Comprender el poder de las palabras, de los pensamientos y la verdad sobre las relaciones humanas te permitirá disfrutar intensamente cada instante, así como disponer de recursos cuando las cosas no van como esperas.

¿Eres feliz con lo que haces? ¿Te sientes realizado en tu profesión? Si es así, enhorabuena. Perteneces a esa minoría privilegiada que se dedica a hacer lo que le gusta. De lo contrario, encontrarás claves para dar con tu propósito de vida, con tu pasión.

Otro capítulo aborda la salud, pero no te hablo de evidencias ni de los beneficios de hacer ejercicio y comer sano; sí de la extrema importancia en su efecto sobre tus pensamientos, emociones y energía vital.

Dedico otro capítulo a la inteligencia financiera, porque estoy segura de que en el colegio tuviste que aprender la lista de los reyes Godos pero nadie te habló de gestionar tu economía. Aunque hayas oído hablar de inteligencia emocional, no te han hablado de esta otra. Si dudas, respóndete a esta pregunta: ¿quién decide cuándo, cómo y dónde te vas de vacaciones? ¿Decides tú o decide tu economía? ¿O decide tu trabajo? En cualquiera de los casos, si no eres tú, es porque no eres libre en este aspecto. Deja que te ayude a comprender que **nuestras decisiones configuran nuestra vida y también nuestro destino económico**. La riqueza y la pobreza empiezan y terminan en la mentalidad de cada uno.

Nada de lo que vas a leer a continuación es nuevo; al contrario: hay muchos estudios al respecto y cientos de libros dedicados a estos temas. Lo que yo te ofrezco es una síntesis de lo más destacado, lo que a mí me ha ayudado a llevar mi vida al siguiente nivel. Quiero compartirlo contigo como hicieron conmigo muchos de los autores que menciono, de forma directa o indirecta.

Sin humos. No vendo humos. No voy a venderte la idea de que puedes obtener todo a cambio de nada. Desconfía de quien lo haga. No sirve. Todo cambio implica dejar el sillón y movilizar fuerzas y voluntad. Mi intención es ayudarte a ahorrar tiempo y mostrarte que, **si te pones en marcha, tu mejora es inevitable**. Más aún, te pido que no creas nada de lo que vas a leer aquí, que lo cuestiones todo y lo pruebes para que saques tus propias conclusiones.

Creo que estamos inmersos en una nueva era y que las cosas que digo aquí muy pronto se enseñaran en los colegios como algo normal. Nuestros nietos se preguntarán cómo hemos podido desenvolvernos sin estos conocimientos, pero comprenderán la causa y el motivo de los actos descabellados del humano contemporáneo.

Querido lector, querida lectora, seas hombre, seas mujer, te identifiques con un género u otro: espero que sepas disculpar que escoja el masculino genérico cuando no me sea posible optar por un término igualitario. Mi respeto por el ser humano, por cada persona, está más allá de cualquier debate lingüístico.

Añadiré para terminar, que el 10 % de las ganancias del libro tendrá como destino un colegio de nueva generación en el que se promoverá un tipo de educación basado en la pedagogía progresista. En él **se poten-ciará la creatividad de las criaturas y la confianza en sí mismas**. Tengo la convicción de que para mejorar el mundo hay que contribuir desde la base: la infancia.

Te doy las gracias de corazón por leerme y porque, sin tú saberlo, has contribuido a la materialización de este libro.

**¡Gracias, gracias, gracias!**

# I. ACTUALIZA TUS CREENCIAS

*Una creencia no es solamente una idea que la
mente posee, sino una idea que posee a la mente.*
Robert Bolt.

¿Te has parado a pensar de dónde vienen tus creencias, si son útiles para ti o solo las utilizas por costumbre? Yo misma no era consciente de mis numerosas creencias hasta que me plantearon estas preguntas por primera vez.

Quizás este no sea el tema más ameno del libro, pero considero que para leerlo y aprovecharlo, es preciso partir de donde parte cualquier cambio: identificando la procedencia de las creencias de quien decide aventurarse.

**Las creencias son como la hoja de ruta que te dieron cuando tu cerebro estaba en formación** y que grabaste porque te aseguraba la supervivencia. Ahora bien, nadie te puede asegurar que serán útiles hoy día las mismas de cuando eras niño. También hace quinientos años creíamos que la tierra era plana, que el sol giraba alrededor de la tierra o que había que quemar a las brujas. Tres de tantas creencias que corregimos y que han ayudado a evolucionar a toda la especie humana.

Ya sabes que las creencias, además, difieren de cada religión, continente o país, pero también dependen del barrio o familia en los que hayas nacido.

Voy a ir por partes:

La RAE define *creencia* como *el firme asentimiento y conformidad con algo; la idea que se considera verdadera y a la que **se da completo crédito como cierta, aunque no exista demostración que lo compruebe**. Y puede ser limitante o potenciadora.* Es decir: una creencia puede convencerte de que eres un negado para las matemáticas o de que puedes alcanzar el éxito sin haber cursado más que la escuela primaria; puede hundirte en la miseria o hacerte capaz de escalar la montaña más alta.

- **Las creencias limitantes** te incapacitan para actuar o pensar de una manera determinada ante una situación. Por ejemplo: puedes pensar que si muestras tu parte negativa te van a rechazar; que si te bañas después de comer se te corta la digestión; incluso esos tópicos de que todos los hombres son iguales o de que las mujeres son inestables.

- **Las creencias potenciantes o estimulantes**, por el contrario, te dan seguridad y confianza en ti mismo porque te ayudan a incrementar tus capacidades. Por ejemplo, puedes estar convencido de que si te expresas con arreglo a lo que sientes, te van a aceptar; o algo mucho más simple, como que si te duchas por la mañana empiezas el día con más energía.

Para entender que actúan como lo hacen, debes saber, como te decía más arriba, que son un mecanismo de supervivencia de tu mente.

Y funcionan de la siguiente manera: ante una situación concreta, tu cerebro busca la creencia que le corresponde. Entonces surge un pensamiento que te hace sentir una emoción determinada y que te lleva a tomar medidas en un sentido o en otro; a hacer algo específico.

Imagina que hace frío y que tienes la creencia que si te expones al frío enfermarás. En ese caso, ante un día de frío, tu pensamiento será abrigarte bien por miedo a enfermar y esto puede llevarte a salir muy arropado de casa.

---

SITUACIÓN + CREENCIA = PENSAMIENTO + EMOCIÓN = ACCIÓN

---

Has de saber que todos **tus comportamientos y expresiones derivan de tus creencias**, criterios y valores.

Lo malo es que las creencias que más te perjudican y limitan son las más alejadas de tu nivel de consciencia (no sabes ni que las tienes), lo que hace difícil identificarlas. Por eso tiene tanta importancia conocerlas bien, que te des cuenta de que están ahí, agazapadas, manejando tu vida. Te cuento que disfraces llevan:

- Son como **raíces** que se adentran en momentos muy tempranos **de tu infancia**.

- No se basan en un sistema de ideas lógico y **toman por real lo que no lo es**.

- **Condicionan tus experiencias** de manera inflexible.
- Están vinculadas a las emociones y al cuerpo.
- **Influyen** de forma definitiva **en tu manera de ver el mundo**, en tus proyecciones.

**Lo que crees no es tuyo, es aprendido**, condicionado y programado por tu pasado. Te invito a que lo observes, lo cuestiones, te preguntes de dónde viene tu manera de ser y si está en consonancia con lo que le pides a la vida para ti. Es fácil que no estés viviendo el tipo de experiencia que te acerca más a tus sueños; pregúntate entonces si eso que crees te sirve o te entorpece. Si es lo segundo, ten por seguro que se trata de creencias limitantes: identifícalas, hazlas presentes. Son fantasmas con un gran poder que, sin embargo, te limitan como si tuvieran materialidad.

> "Nada nos enreda en mayores males que el atenernos a los rumores, en la creencia de que lo mejor es lo aceptado por consentimiento de muchos, y el seguir los ejemplos más numerosos, rigiéndonos, no por la razón, sino por la imitación de los demás".
> *Séneca.* (FILÓSOFO NACIDO EN EL AÑO 4 ANTES DE CRISTO).

A veces pensamos que lo que hace la mayoría es lo correcto y nos dejamos llevar por la masa. Imitamos a los demás sin pararnos a utilizar nuestro razonamiento y creemos que **el hecho de que** *todo el mundo lo haga*, **lo convierte en** *lo mejor,* **en** *lo correcto.*

Te voy a describir las creencias limitantes que son más frecuentes y más afectan:

- <u>Creencias de **posibilidad:**</u> consideran inalcanzable un objetivo, independientemente de las capacidades, y a ellas se suman sentimientos de impotencia e ineptitud. Si te pasa a ti, vivirás resignado, desesperanzado, con una motivación que apenas te dará fuelle para dar el siguiente paso. Algo así como: "haga lo que haga nada cambiará" o "lo que deseo es inalcanzable".
- <u>Creencias de **capacidad:**</u> en este caso, el objetivo deseado es realizable, pero no te sientes capaz. Otros pueden, pero tú no, y tendrás pensamientos de este tipo: "esto está al alcance de otros, pero no de mi"; "no

soy lo bastante bueno o capaz para conseguirlo" o "nadie me comprende en esta vida".

• Creencias de **merecimiento:** crees que no mereces el objetivo deseado por algo que hiciste de manera deficiente o falta de valoración personal. En tal caso, te dirás cosas como "soy un fraude, no pertenezco aquí"; "soy un impostor de tomo y lomo" o "si el otro no hace lo que yo quiero, no me quiere".

Pero **cuando eres capaz de observar tus creencias empiezas a verlo todo con otra perspectiva.** Y puedes convertirlas en potenciadoras, estimulantes.

Robert Dilts, que ha sido desarrollador, autor y consultor de la PNL, dice de las creencias que "funcionan a un nivel diferente que la realidad concreta y **sirven para guiar e interpretar nuestras percepciones de la realidad".** Y añade: "Las creencias son difíciles de cambiar utilizando las normas típicas del pensamiento lógico y racional".

**Tu mente busca la supervivencia** y, para ello, crea una zona estable en la que mantenerte protegido. Habrás oído hablar de la zona de confort; es esa a la que me refiero y que está formada por todo lo que tu mente conoce y considera seguro. Lo que esté fuera lo rechaza. Esa y no otra es la razón de que te cueste tanto cambiar de creencias y, por ende, hacer cambios en tu vida. Además, si eres un poco fanático, vivirás cualquier situación que te haga dudar de ellas como un ataque. Las defiendes como si se tratara de la última fortaleza a punto de caer en manos del enemigo. No dudarás en atacar a quien te haga dudar de ellas.

> "No puedes convencer a un creyente de nada, porque sus creencias no están basadas en evidencias, están basadas en una enraizada necesidad de creer".
> *Carl Sagan.*

En el momento que comprendas que **tus creencias no son tuyas sino aprendidas** y que todo lo que te ocurre es un reflejo suyo, estarás en disposición de crear tu estilo propio, pasarás de ser el protagonista de tu película a ser el director de tu vida.

Parafraseando a Buda, diré que "**somos el resultado de lo que pensamos**".

Albert Ellis fue un psicoterapeuta cognitivo estadounidense que llegó a ser considerado el segundo más influyente de la historia (por detrás de Sigmund Freud). Rompió por completo con el psicoanálisis y desarrolló la terapia racional emotiva conductual (TREC), en la que se requería que el terapeuta ayudase a la persona a comprender que eran sus creencias las que perpetuaban sus dolores emocionales. Se fundaba en que **no solo circunstancias y hechos propician los estados emocionales**, sino más bien en que la forma de interpretarlos está determinada por las creencias. Ponía énfasis en cambiar esas verdades absolutas y derrotistas, demostrando su irracionalidad, por la falta de evidencias. Escribió un libro titulado *Las once Creencias Irracionales*. Quiero compartir contigo algunas de ellas:

• Necesidad extrema para el ser humano adulto de ser amado y aprobado.

• Es algo negativo que las cosas no vayan como tú esperas.

• Las desgracias se originan por causas externas y la gente tiene poca capacidad o ninguna de controlar sus penas.

• Es más fácil evitar ciertas responsabilidades y dificultades en la vida que afrontarlas.

• Uno deberá sentirse muy preocupado por los problemas y las perturbaciones de los demás.

El problema es que se te implantan en el cerebro cuando está en formación y te pasas el resto de la vida considerándolas dogmas. Y un dogma se acata porque, de lo contrario, la condena es segura. Así que, de manera inconsciente, provocas incluso que se cumplan: **no las cuestionas, las aceptas con naturalidad**. Ortega y Gasset lo decía con estas palabras: „No tenemos creencias, en las creencias estamos".

Ellis creía que, a través del análisis racional, la gente entendería sus creencias irracionales, y las cambiaría por una posición más racional. A esto se le conoce como **reestructuración cognitiva**, que es lo que sucede en tu cerebro cuando destruyes una creencia. Es lo que pasó cuando te enteraste de que los Reyes Magos eran tus padres, **por eso aún lo recuerdas**, porque para el cerebro fue un impacto: tus neuronas tuvieron que realizar nuevas conexiones porque las viejas ya no eran válidas. Podríamos decir que **es uno de los esfuerzos más duros que lleva a cabo el cerebro.**

Debes saber que la única forma en que puedes destruir una creencia es, primero, observándola, y después, cuestionándola. Cuando la observas, te desidentificas y te vuelves consciente de que es algo heredado que, tal vez, no te ayuda o no te sirve ya. De lo contrario seguirás preso de ella; como si te negaras a rechazar de por vida la idea de que los Reyes Magos no existen. La creencia manda y la razón encuentra argumentos para sostenerla. Los justifica.

La biología de la creencia es un libro revolucionario en el campo de la biología moderna. Su autor, el Doctor Bruce H. Lipton, lleva más de treinta años estudiando el comportamiento de las células y asegura que **son nuestras creencias las que determinan nuestra vida, incluso nuestra salud.** Explica que los genes y el ADN no controlan nuestra biología, sino que es el ADN el que está controlado por las señales procedentes del medio externo celular, entre las que destacan los poderosos mensajes que provienen de los pensamientos positivos y negativos. De esta manera, **nuestro cuerpo puede cambiar realmente si reeducamos nuestra forma de pensar.**

Ten en cuenta que tu cuerpo tiene más de cincuenta billones de células y que todas necesitan lo mismo que cualquier ser vivo: comida, oxígeno, despojarse de residuos, temperatura correcta y un medio ambiente propicio. Por medio ambiente o entorno quiero darte a entender la energía que lo rodea: el clima, la contaminación, los alimentos, sentimientos, estrés, la influencia de la madre (ya que, el amor de una madre puede modificar el desarrollo de la vida); y por descontado, tus pensamientos, que son energía y están determinados por tus creencias.

**Tus pensamientos te generan sentimientos y emociones** y, lo creas o no, estas siempre te afectan, para bien o para mal. **Las emociones son sustancias químicas en el cuerpo** que desencadenan un torrente de hormonas. Dichas hormonas, como alumnas llenas de motivación e inmejorable actitud, hacen lo posible por ser las mejores de la clase. Y si hoy han tenido buena nota, mañana seguirán haciendo lo mismo: atenderán el dictado de lo que crees a pies juntillas y actuando en consecuencia. Es decir: **todo lo que sientes produce una sustancia química** que circula por tu cuerpo y, así, **tus creencias controlan tus pensamientos, tus emociones, tu cuerpo y por lo tanto, tu vida**.

Tomo este ejemplo prestado de un compañero, José Javier Pérez: „Si tenemos un pez y muere, lo primero que se nos ocurre analizar es el agua. Si establecemos la analogía con la célula, si está enferma, me preguntaría qué está pasando en la matriz extracelular (lo que envuelve a la célula) para que enferme o muera.

Es lógico que, si preparamos una pecera e intoxicamos el agua, el pez enferme. Pasa igual si sometemos a la célula a pensamientos negativos, bloqueos, creencias limitantes y le añadimos un chorro de miedos. La célula se desarrolla en un ambiente hostil que acidifica el PH y genera toxicidad porque su entorno es tóxico. De ahí que **las enfermedades no respondan solo a hábitos de vida o a la genética, sino también a los pensamientos y a conflictos emocionales**".

Vuelvo a Bruce Lipton para añadir que **puedes cambiar tu biología si lo deseas**. Tienes el poder de hacerlo. El problema es que enseñarle a la gente como pueden sanarse a sí mismos sin depender de medicamentos, es un mal negocio para las compañías farmacéuticas que son quienes manejan la medicina.

Cuando te diagnostican, te sentencian, porque crees lo que dice el doctor (desde muy temprana edad has aprendido que **lo que dice el médico no se cuestiona**; es un profesional).

Actualmente se ha descubierto la epigenética, y esta demuestra que se pueden modificar los genes. Si proporcionas el medio ambiente adecuado, puedes convertir genes mutantes (enfermos), en normales (sanos). Tus sentimientos y emociones afectan a la información del ADN. Y cualquier cambio que efectúes a lo largo de la vida influirá en tus genes y en el de las generaciones futuras.

"Nadie es víctima de ningún hecho o enfermedad, nosotros somos los creadores, tenemos la capacidad de crear salud o enfermedad, y nuestra creación será la expresión de nuestras creencias. **Somos organismos creadores**".
*Bruce Lipton.*

Las creencias, por tanto, no son verdaderas ni falsas, sino que encuentran refuerzo en el entorno y quedan así justificadas. Son sistemas de conceptos aceptados y reforzados por todos sin cuestionarlos siquiera que organizan y deciden cómo debemos percibir el mundo. Te parecerá increíble, pero una creencia por sí sola es capaz de generar enfermedades. **Si crees que un medicamento te va a curar, te cura**; por eso funciona el efecto placebo, porque el paciente cree que está tomando algo que le va a curar. La función de la mente no es otra que crear coherencia.

Un caso conocido es el de Sam Londe, un hombre norteamericano al que en 1974 le diagnosticaron cáncer de esófago, un tipo de cáncer que en esa época significaba la muerte en poco tiempo. A los pocos meses de su diagnóstico, Sam murió. Cuando le hicieron la autopsia se descubrió que no tenía tal cáncer terminal, sin embargo, su mente creyó firmemente que iba a morir en poco tiempo… y así ocurrió. El diagnóstico imprimió la creencia. El diagnóstico actuó como mandato y como sentencia. Para el enfermo no existe un diagnóstico, un diagnóstico es un pronóstico en realidad, un vaticinio, un juicio, llámalo como quieras. Puedes interpretar que tienes una enfermedad maligna como un pronóstico de muerte segura. A este hecho se le conoce como *efecto nocebo* y no es otra cosa que, cuando crees que tienes algo malo, enfermas, y solo porque tu mente lo cree firmemente, aunque nada malo te ocurra en realidad.

Hay evidencias de que ciertas prácticas de vudú han provocado curaciones milagrosas. Sus practicantes apelan a deidades y entes sin corporeidad física, cuando se trata del propio poder mental de quien deposita su fe en ellas. En el caso de los cristianos, se llama fe. Los propios evangelios relatan que Jesús, adorado por aquellos a quienes curaba, les decía frases como "**tu fe te ha salvado**" o "**sois dioses, pero lo habéis olvidado**". Sin embargo, el cristianismo sigue teniendo la creencia de que era Jesús el mago y no de que **el poder está en cada uno de nosotros**.

Con este ejemplo, quiero que seas consciente del potencial que tienen tus creencias y de que, si las cambias, cambias tu vida.

El doctor John Wheeler, físico teórico estadounidense, sostiene que „vivimos en un Universo participativo. No solo basta con observar, siempre hay una intención detrás y esta viene determinada por la conciencia del observador, la cual está determinada por sus creencias sobre el funcionamiento del mundo en que vive".

Así pues, cada creencia provoca un sentimiento y una emoción que se expresan en tu corazón, donde tus experiencias se traducen en ondas eléctricas y magnéticas que interactúan con el mundo físico. Es como si fueras un lago y cada emoción fuera la onda que se genera cuando alguien lanza una piedra. La onda se expande y da lugar a nuevas ondas. **Lo que conecta tu pensamiento con el campo cuántico son tus creencias.** Conforme cambias tus creencias, transformas la energía que forma los átomos del mundo.

El paradigma de la física cuántica demuestra que la percepción de cada individuo afecta a la realidad, que estamos interrelacionados con todo lo que existe; que tú mismo **eres como un imán** capaz de atraer situaciones, acontecimientos, personas o circunstancias. Fíjate hasta qué punto es determinante comprobar la calidad de lo que tienes en tu cabeza.

¿Te suena el dicho popular "Dios los cría y ellos se juntan"? O quizá uno de esos días en que te dices a ti mismo que has empezado con mal pie y todo te sale del revés. Y, sin embargo, cuando estás convencido de que va a ser un buen día te levantas con más energía, vas más alegre y te suceden cosas hermosas. O ves las cosas de otra manera. No es porque la vida *casualmente* te sonría, sino que tú estás atrayendo hacia ti situaciones en tu misma onda de vibración. Eres tú quien participa de esa creación con tus creencias. Si te levantas por la mañana, está lloviendo y crees que "si llueve hace un día malo", probablemente estés más triste y te enfoques en lo negativo del día: los atascos, la falta de luz, el estrés, etc. Ahora bien, si te despiertas y tomas la decisión de disfrutar de él, llueva o nieve, saldrás a la calle con más energía, más sonriente, y tu día resultará infinitamente mejor.

"Las personas no se alteran por los hechos, sino
por lo que piensan acerca de los hechos".
*Epícteto.* (Filosofo nacido en el año 55).

Es decir: un hecho es, imagina, que llueve. Acerca de ello, puedes pensar: "Qué bien, lluvia, se regarán las flores que tengo en el jardín y se limpiará el ambiente. Y te quedas relajado viendo llover. En cambio, yo puedo pensar: "¡Oh cielos! Está lloviendo y me acabo de alisar el pelo para la cena de esta noche, ¡qué desastre! ¡Que pare pronto, por Dios!". Ante el mismo hecho, dos pensamientos diferentes dan lugar a dos reacciones diferentes. Por lo tanto, **no es el hecho el responsable** —el hecho es neutro—, **sino el pensamiento**.

Te invito a que escribas a continuación cuatro creencias que te resulten limitantes a ti. Puedes empezar por creencias simples como estas:

- **Si me expongo al frío enfermaré.** Hay mucha gente que vive en sitios fríos, personas que se bañan haciendo un agujero en el hielo, como Wim Hof (de quien hablaré más adelante) y no por eso viven enfermas. Por lo tanto, el frío no es determinante.

- **Comer engorda.** Hay gente delgada que come mucho más que gente que es obesa y, sin embargo, no engorda. Si solo fuera la comida la responsable de provocar que se engorde, quienes comen mucho tendrían que engordar necesariamente, en cambio, sabemos que en muchos casos no es así. Por lo tanto es una creencia, no una ley.

Y, ahora, observa tus creencias desde otro punto de vista y conviértelas en creencias estimulantes. Por ejemplo:

- **Creencia limitante:** "Soy un fracasado".

- **Creencia potenciante:** "Gracias a los errores que he cometido en el pasado, he adquirido experiencia y he aprendido, por lo que ahora seré más eficaz".

- **Creencia limitante:** "El éxito puede causar estrés y problemas de salud".

- **Creencia potenciante:** "Es cierto que puede haber personas que cuando han alcanzado cierto estatus o reconocimiento han llegado a padecer estrés o problemas de salud, pero si por exitosa consideras a una persona que dedica su vida a hacer lo que más le gusta y disfruta con ello, es difícil que tenga estrés o enferme con facilidad".

- **Creencia limitante:** "Este mundo es muy cruel y nadie ayuda a nadie".

- **Creencia potenciante:** "Es verdad que hay crueldad en el mundo, pero las personas, en general, somos amables y nos ayudamos las unas a las otras".

Antes de terminar este capítulo, me gustaría hacer referencia al estupendo cuento de Jorge Bucay *El elefante encadenado,* que relata la historia de uno de estos paquidermos de circo que desde su nacimiento están encadenados por una de sus patas. La cría incansable intenta cada día liberarse sin éxito, hasta que un día, frustrada por el continuo fracaso, se rinde y nunca más vuelve a intentarlo. En su edad adulta, el elefante, si lo intentara, podría liberarse sin ningún esfuerzo de su atadura, pero cree que no puede.

Así tú mismo, puede que en tu infancia hayas aprendido algún patrón de conducta que hoy en día te esté limitando sin que seas consciente de ello. Y ya es hora de deshacerte de él. De **liberarte de tus cadenas y de vivir libre y feliz.** Tienes la fuerza. Solo necesitas sumarle la actitud necesaria.

Desde mi experiencia te puedo decir que, si no fuera porque estoy aprendiendo a cuestionarme mis creencias, a cambiarlas (si no me benefician) y a poner a prueba las nuevas, tú no estarías ahora leyendo este libro.

Yo tenía la creencia de que para escribir libros estabas obligado a ser un erudito. Y, como yo no lo soy, mi cerebro no contemplaba esta idea ni por asomo. A pesar de que tengo libretas llenas de apuntes y frases de los libros que leo; a pesar de que siempre he escrito mis elucubraciones mentales; a pesar de que algunas hasta las compartía con amigas que me animaban a seguir escribiendo porque lo que escribía les ayudaba a reflexionar, no lo creía posible. Si alguien me mencionaba la posibilidad de escribir un libro, se me venían a la cabeza las redacciones que hacía en el colegio y a mi profesora diciéndome que escribir no era lo mío.

Hace un par de años supe que dos personas conocidas (pero que no son eruditas en ningún campo) habían escrito un libro y que el de una de ellas era un *best seller.* Entonces comencé a observar mi creencia, hasta que la identifiqué como una creencia limitante. Identifiqué su origen (el colegio) y comencé a pensar cómo destruirla por completo.

Y esto me ha llevado a buscar una fantástica correctora y *coach* literaria para lanzarme de cabeza a escribir este libro que tienes en tus manos. ¡Qué grandísima ventaja tener competencias distintas y poder trabajar haciendo alianzas! De manera que... ¡excusas, fuera!

También te digo por experiencia que, al principio, cuando pongas en práctica estos comportamientos, te puedes sentir desorientado, sobre todo, si te relacionas con amigos o familiares que no estén de acuerdo con tu nueva manera de ver las cosas. Podrías tener la tentación de reaccionar poniéndote a la defensiva o volviendo a tus viejas creencias. Resiste, no lo hagas. Estas molestias no son distintas de las piedritas que te encuentras cuando vas en ruta por la montaña.

Recuerda que **solo tú decides** lo que quieres o no quieres creer, y que cuanto más optimistas sean tus creencias, más te van a facilitar la vida. Porque **son tu poder creador, tu tesoro**, y las cosas serán muy distintas según te alinees con un tipo u otro de *verdades*.

**¡LO QUE CREES, LO CREAS!**

# II. INTELIGENCIA EMOCIONAL

*Es sorprendente cómo una vez que la mente está libre de la contaminación emocional, la lógica y la claridad emergen.*
CLYDE DESOUZA.

La calidad de tu vida está determinada fundamentalmente por la calidad de tus emociones. Es de vital importancia que las sepas identificar y puedas *elegirlas* a tu favor. No saber manejarlas te limita, te frustra y te enferma. Es una de las asignaturas pendientes del mundo desarrollado.

Antes de hacer uso de la información que comparto en este libro, mis emociones me aprisionaban con tanta fuerza que no era capaz de liberarme de ellas durante horas, días o incluso meses, dependiendo del grado con el que me afectaran. Era víctima de los enfados, la tristeza o el miedo. Me sentía incapaz de liberarme de ellos por voluntad propia o por mis propios medios.

Hace un par de años, después de trece de relación con mi pareja, decidimos separarnos y todo un cúmulo de emociones negativas se apoderó de mí. Me inundó la tristeza hasta el punto de no querer seguir viviendo; después, el miedo y la rabia me incapacitaron para pensar con claridad, y fue ahí, en la desesperación más profunda, donde decidí comenzar a poner en práctica todos los recursos de que disponía, todo el conocimiento que había ido adquiriendo a lo largo de mi vida y que nunca había utilizado; el mismo que ahora comparto contigo con la intención de que no esperes a tocar fondo, como yo, para mejorar tu vida. **No es obligatorio descender hasta lo más hondo del pozo para mojarte y aprender.**

Eché mano de los recursos que ofrece la inteligencia emocional, que no es otra cosa que la habilidad de equilibrar el cerebro emocional —el que siente— y el cerebro cognitivo —el que entiende lo que siente—. En otras palabras, es la capacidad de identificar, entender y manejar las emociones correctamente. Y esto no significa que tengas que evitar las emociones dolorosas, al contrario, las tienes que utilizar para aprender de ellas, esto es, tomarlas como maestras.

Diversos estudios han ido observando las vidas de chicos que puntuaban más alto en pruebas de satisfacción —felicidad, prestigio o éxito laboral—. Todos ellos han puesto de relieve que el tan valorado coeficiente intelectual apenas representa un veinte por ciento de los factores determinantes del éxito. Quienes gobiernan adecuadamente sus sentimientos y saben relacionarse de manera efectiva con los sentimientos de los demás gozan de una ventaja extraordinaria en todos los dominios de la vida.

A finales del siglo XX, aparecieron varias investigaciones que presentaban la **inteligencia emocional** como el principal motor del éxito y la satisfacción personal. Durante la década de los noventa, esta inteligencia fue considerada prácticamente un superpoder. Los estudios mostraban que los mejores líderes eran muy inteligentes en lo que se refería a sus emociones. Se descubrió que este tipo de personas eran capaces de identificar estados emocionales, conectar con la gente de forma eficaz o eliminar estrés.

El arte de dominar los arrebatos emocionales y de saber calmarse uno a sí mismo se considera el más fundamental de los recursos psicológicos. Y es que las habilidades emocionales no solo te hacen más humano, sino que en muchas ocasiones son la base para el desarrollo de otras cualidades que se asocian al intelecto, como la toma de decisiones racionales.

Si te preguntas, como yo lo hice, hasta que edad se puede desarrollar esta inteligencia, sigue leyendo porque tengo buenas noticias para ti: da igual la edad que tengas. Los científicos dicen que **el cerebro tiene una gran plasticidad**. Para entendernos: que se puede modelar, que hoy es así y mañana puede ser asá, según lo que hagas o dejes de hacer. **Esta inteligencia se puede desarrollar siempre**, solo requiere voluntad. La edad no es excusa.

Empecé a darme cuenta de que cuando las emociones me inundaban los pensamientos se detenían. Era incapaz de pensar con claridad y ver qué era lo mejor para mí. Volví a leer libros como *Inteligencia emocional* de Daniel Goleman y, tras investigar sobre el tema, descubrí que en cada uno de nosotros se solapan dos mentes distintas: una que piensa y otra que siente, como ya he apuntado antes. Conexiones cerebrales diferentes, aunque interrelacionadas, que ponen de manifiesto que **el intelecto no puede funcionar adecuadamente sin el apoyo de la inteligencia emocional**. Esta aporta las cualidades que más nos ayudan a convertirnos en auténticos seres humanos. He comprendido que una parte del cerebro es la guardiana de las emociones, y que cuando estas nos inundan se las apaña para evitar que la otra parte que razona y evalúa haga su trabajo.

En tu cerebro tienes el lóbulo frontal que te permite reflexionar, concentrarte, prestar atención, inhibir tus instintos, etc. En él se procesan tus pensamientos y tus sentimientos. Se encarga de controlar la atención consciente y tiene la capacidad de atemperar las reacciones emocionales, aunque esto puede resultar un arma de doble filo: por un lado te evita problemas de tipo relacional; por otro, al reprimir tus emociones, estas pasan al inconsciente y quedan guardadas para aflorar en otra ocasión. Y si esa ocasión no tiene lugar, acaban encontrando salida en forma de síntoma o enfermedad.

Tienes otro cerebro más pequeño, pero no por ello menos importante, y del que puede que no hayas oído hablar porque sus investigaciones son recientes. Es **el cerebro del corazón**, un órgano con algunas decenas de miles de neuronas en el que profundizaremos más adelante. Se dice que **la buena relación entre el cerebro y el cerebro del corazón es una de las claves de la inteligencia emocional**. Las personas con un alto grado de inteligencia emocional son personas en un estado de paz la mayor parte del día. ¿No es maravilloso que tu corazón pueda hacer por ti algo más que latir, como si esto fuera poco? Resulta que en el corazón hay neuronas y esas neuronas tienen línea directa con el cerebro. Puede que no sepas que muchas de las decisiones que supones *cerebrales* han sido ordenadas desde el corazón. Tu corazón no solo bombea sangre: bombea bienestar a todo el cuerpo. Por eso es importante que entre lo que piensas, sientes y dices haya un vínculo de afinidad.

Yo empecé a darme cuenta de que muchas veces pensaba una cosa diferente a la que sentía y distinta a la que decía o hacía. Por ejemplo: me proponían algo (un café, un vino, un paseo, etc.) y, aunque pensara que prefería quedarme en casa leyendo, aceptaba por no *hacer un feo* a la otra u otras personas. A esto se le llama vivir en incoherencia. Como puedes suponer, no es nada deseable.

Estudios clínicos y casos reales de pacientes con condiciones médicas diversas han demostrado que la *coherencia cardíaca* tiene un impacto positivo y rápido en la calidad de vida de individuos con enfermedades crónicas. Total: **se trata de que entre lo que piensas, sientes y dices haya armonía.**

Sentimientos negativos como la ira o la frustración están asociados con un desordenado e incoherente patrón en el ritmo cardíaco. En contraste, sentimientos positivos como el amor o el aprecio están asociados con un suave, ordenado y coherente patrón en la actividad del ritmo cardíaco. Cuando aprendas a escuchar a tu corazón funcionarás de manera mucho más eficaz. La gratitud, el amor y la compasión son la llave de ese tipo de emociones y te proporcionan claridad.

En resumen: **la inteligencia emocional va de autoconocerte y manejar tus emociones** a diario. Con ella dispones de herramientas y habilidades para enfrentarte a cada dificultad, por insalvable que parezca.

Verás: puedes aprender empatía y gestión emocional con cuatro habilidades claras:

• **Autocontrol:** reconoces e identificas tus emociones y constatas que tienen su origen en ti mismo; piensas antes de hablar o de actuar; controlas tus impulsos y retrasas la recompensa inmediata. Empiezas a ser libre. Aún queda camino por recorrer, pero es el inicio. Ya no estás a merced de lo que dictan tus impulsos.

• **Automotivación:** es el mejor motor para la mente y el corazón. La fuente de la superación personal y la energía positiva capaz de impulsarte para conseguir los mejores recursos y conseguir los objetivos que te propones.

• **Empatía:** desarrollas tu capacidad de conectar con las emociones de los demás. Conectas con quien tienes en frente, pero sin dejar de ser tú mismo.

• **Habilidades sociales**: es el engranaje perfecto para tu desarrollo personal y profesional. Es la capacidad de relacionarte satisfactoriamente con los demás, de gestionar conflictos, comunicarte claramente e influir sobre ellos.

También de respetarte a ti mismo, de ser paciente, compasivo y positivo.

"Una buena educación emocional es un elemento
clave en favor de una buena convivencia".
*Aristóteles.*

Estas habilidades son las arterias que darán vida a ese corazón que habita en tu cerebro y te permitirá ser más competente y feliz.

He decidido dividir este capítulo en seis partes para invitarte a que me acompañes y no olvidarme de nada:

- Conoce tus emociones y deja que te guíen.
- La fuerza de los sentimientos.
- El impacto de las emociones.
- Disfruta de relaciones equilibradas.
- Tus palabras, gestos y pensamientos controlan tu vida.
- Descubre el poder de tu mente.

"El caos en el universo, la apariencia de desorden
se debe a los límites de la percepción".
*David Hawkins.*

Es justo lo que tenemos que ensanchar: la percepción.

## II.I.   CONOCE TUS EMOCIONES Y DEJA QUE TE GUÍEN

> *Cualquier persona puede enfadarse, eso es algo muy*
> *sencillo. Pero enfadarse con la persona adecuada, en el grado*
> *exacto, en el momento oportuno, con el propósito justo y del*
> *modo correcto, eso, ciertamente, no resulta tan sencillo.*
>
> ARISTÓTELES.

Es de vital importancia que conozcas bien las emociones que te gobiernan si quieres liberarte de los condicionamientos que gobiernan tu vida; más aún, si quieres convertirte en un adulto emocionalmente sano. Es posible que en ocasiones te comportes de forma infantil. Para darte cuenta y que no te perjudique, debes tomar conciencia de ello, de cómo las emociones actúan en ti. A cada instante estás en manos de una emoción, te des cuenta o no. Momento a momento, estás tranquilo o triste o preocupado por algo. Si te vuelves consciente de tu vaivén interno, no dejarás que manden en ti ni dicten qué has de hacer con tu vida.

Creo que te puede interesar el origen de su nombre: la palabra *emoción* viene del latín, del verbo "emovere" (mover, trasladar, impresionar). Por lo tanto, una emoción es algo te saca de tu estado habitual e implica que te muevas en una dirección concreta. Entiende que **las emociones son energía para actuar,** que no debes considerarlas buenas ni malas puesto que todas son necesarias para que tomes decisiones. No es mejor el miedo que la ira, porque ambas, en un momento dado, te pueden salvar la vida: esa es la función inconsciente de las emociones.

Te presento las cinco básicas que puedes observar incluso en los animales:

• **La alegría**: la sientes cuando algo te resulta agradable y permite a tu cerebro saber que eso te hace sentir bien para repetirlo. Te motiva a experimentarla de nuevo con conductas que vuelvan a generarla.

• **El miedo**: te avisa de que no tienes recursos para abordar lo que está sucediendo. Te permite estar alerta ante un peligro y te puede salvar la vida.

• **El asco**: te mantiene alejado de algo que te pueda envenenar. También te mantiene a salvo.

- **La ira**: te permite defenderte y preservar tu integridad. Sientes enfado cuando crees que vulneran tus derechos o necesidades. Te empuja hacia el ataque o la defensa.

- **La tristeza:** te indica la pérdida de algo valioso para ti y te prepara para superar esa ausencia. Te permite reponerte después de un trauma.

El amor es mal interpretado como una emoción. Según el Doctor David Hawkins, con el que no puedo estar más de acuerdo, "es un estado de conciencia, una manera de verse a uno mismo y a los demás".

Los seres humanos tenemos en común estas emociones que señalo, pero la forma de gestionarlas es por completo personal y única. Cada individuo posee su propio mapa cerebral. Es decir, una propia representación interna del mundo en el que vive formada por creencias, opiniones, pensamientos, prejuicios, suposiciones...

Al estar viviendo de forma intensa todas estas emociones, yo misma empecé a considerarlas como una fuente de información, cosa que me ayudó a ser más consciente de qué cosas me afectaban, a cuáles concedía una importancia desmesurada o en qué situaciones me sentía bloqueada. Conseguí ver blanco sobre negro, cuántas veces me enfadaba, tenía miedo o caía en el victimismo y me sentía triste. Y conseguí algo más: ver por qué. He aprendido que las emociones negativas me previenen, que cuando me paro a observarlas, puedo obtener la información que me ofrecen y enfrentarme con más recursos y mejor disposición al reto del que me están alertando.

Por ejemplo: en un momento determinado, me surgió la oportunidad de hacer un curso de grado superior. Lo rechacé de inmediato porque estaba viviendo en Francia y mi francés era muy precario. Era una pérdida de tiempo. Días después volvió a surgir el tema y me volví a negar, pero esta vez me di cuenta de que tal vez debía pararme a observar qué había detrás de esa negativa rotunda por mi parte. Y descubrí que había algo más: miedo. El miedo a no conseguirlo, a no entender las clases; en definitiva, a fracasar. Entonces fui consciente de que ese miedo solo me estaba avisando del reto que suponía para mí enfrentarme a esta formación en un idioma que no era mi lengua materna. Y si me decidía a realizarla, aunque tuviera que esforzarme más que mis compañeros franceses, iba a ser algo positivo para mí porque en última instancia iba a mejorar mucho mi francés. Finalmente, me apunté. Y cuál no sería mi sorpresa que conseguí llevar a cabo la formación y titularme con una calificación de notable. Seguro que conoces ese sentimiento de satisfacción y, si no, te invito a que lo pruebes, que te propongas hacer algo que te da miedo... y verás.

Algo que me ayudó a comprender mejor el mundo de las emociones fue conocer las partes implicadas en ellas. Te las cuento de forma muy breve:

- **La amígdala** genera las emociones cuando hay algún tipo de sufrimiento. Su principal papel es la protección frente a cualquier situación de amenaza. Es también la responsable de los secuestros que sufrimos "cuando nos volvemos locos", bien por rabia, por ansiedad o por cualquier tipo de arrebato.

- Tu **cerebro inconsciente** que lo controla y graba todo solo tiene una prioridad: protegerte de todo mal. No atiende a razones, no juzga, simplemente actúa. Y no distingue lo real de lo imaginado. Si te preocupas por algo, por ejemplo, si de pronto piensas que un hijo está en peligro se te acelera el corazón como si fuera real. Sus reacciones son siempre biológicas, ya sea frente a la caza de un animal o frente a la caza de una posición social. Cualquier cosa que le resulte amenazante, por nimia que sea, es su principal objetivo.

- **Las neuronas espejo** te ponen en el lugar del otro. Por ejemplo, puedes estar viendo una película en la que aparece una escena dramática que te evoca un recuerdo doloroso y tu fisiología se agita y eres capaz de sentir ansiedad: la respiración se te altera, las manos te sudan, a tu corazón se le cambia el ritmo. El inconsciente no puede razonar ni comprender que estás tranquilamente en el cine. Estas neuronas, descubiertas hace relativamente poco tiempo, confirman que somos seres sociales.

En resumen: **las emociones están reguladas por la parte del cerebro encargada de tu supervivencia.** Y tus respuestas emocionales vienen grabadas en tu genética: son una herencia de la evolución y se refuerzan con los aprendizajes. Tal como planteaba Charles Darwin, "las emociones se expresan a través del cuerpo y no son determinadas culturalmente, sino que son universales por su origen biológico". Es decir, no las aprendemos, sino que las recibimos con nuestros genes y, luego sí, con cada experiencia las vamos alimentando.

Ya puedes empezar a pensar hasta qué punto tú eres tú y no un mero depositario de otros. Ya puedes empezar a reflexionar dónde quedas entre lo que heredaste y lo que tu entorno va colocando en ti desde bien pequeño. Y cuánto de ti eres tú cuando sigues las consignas publicitarias o cualquier ideología de moda.

Deja que te muestre más de cerca las reacciones que producen las emociones en tu cuerpo para que te resulte más fácil identificarlas y comprender cómo te afectan. Cada emoción produce una sustancia química específica y, por lo tanto, unas reacciones diferentes:

• **El miedo:** cuando lo sientes, descargas adrenalina, tus pupilas se dilatan, aumenta tu tensión arterial, tu respiración se vuelve superficial, la frente se te arruga y los ojos se te abren de forma exagerada. Es muy tóxico si lo extiendes en el tiempo más de lo necesario. Porque cuando sientes miedo te sientes empequeñecido y te dices frases como: "no soy capaz", "no hay salida", "no lo merezco", "soy un inútil" o "yo siempre pierdo". Y, tal como afirma el doctor Mario Alonso Puig, la sangre se te llena de cortisol y el cerebro de glutamato. No puede ser bueno cuando resulta que produce muerte neuronal, hace que no pienses con claridad, te vuelvas irascible, ralentices el sistema digestivo y bloquees el sistema de defensa del cuerpo.

**Hemos aprendido a vivir desde el miedo y este nos limita**, además de que no es real, sino un producto de nuestra mente. Esas situaciones que anticipamos y que nos ponen en guardia la mayoría de las veces no tienen lugar; no ocurren. ¿Sabes que lo que se desencadena es un desastre monumental por algo que no ha sucedido y que, casi con toda probabilidad, no va a suceder? El miedo está tan presente, aun cuando no hay tigres amenazando, que cortisol y glutamato campean por el cuerpo como si este fuera su cortijo. Si lo piensas, vives en situación de alerta: o porque no tienes trabajo o porque pueden echarte, o porque tienes problemas con tu pareja o porque no sabes si llegarás a fin de mes, o por conseguir ese puesto que ambicionas... Por mil cosas.

Yo tengo una técnica que quiero compartir contigo para ponerle coto al miedo: me pongo a observar esa circunstancia que me perturba como **una posibilidad más entre las infinitas que existen**. Y esto hace que pierda fuerza, porque hay un abanico entero de cosas diferentes que también pueden suceder. Después imagino mi situación ideal como otra de las posibilidades y sonrío. La situación cambia por completo. Es una manera de decirle a la mente qué tiene que pensar y, sobre todo, cómo tiene que hacerlo.

Tu miedo aventura una de las infinitas opciones que se pueden materializar y es tan real o irreal como imaginar que te tocan cincuenta millones de euros. Solo es una proyección de tu mente. Puedes copiar esta técnica. Si te gusta, te la regalo, si no, puedes inventarte tú mismo una que te resulte más útil. Pero recuerda: si algún beneficio puedes sacar del miedo, es que **te pide que seas sensato y cauto**, no que vivas asustado imaginando horrores posibles. El miedo debes observarlo y seguir adelante.

Neale Donald Walsch dice: "**Llama a tus miedos aventuras**". ¿Ves cómo cambia todo, tomado así?

• **La ira**: aumenta tu presión cardíaca y los niveles de adrenalina, es decir, generas la cantidad de energía necesaria para acometer acciones vigorosas. Se te agita la respiración, se te tensan los brazos y las piernas preparándose para el movimiento, y tu visión se centra en un punto mientras aprietas la mandíbula y bajas las cejas. Esta es una emoción castrada en muchas ocasiones por el inconsciente familiar y colectivo, pero no por ello deja de ser imprescindible en tu adaptación al medio.

Daniel Goleman define el enfado como "una emoción negativa con un intenso poder seductor, pues se alimenta a sí misma en una especie de círculo cerrado, en el que la persona despliega un diálogo interno para justificar el hecho de querer descargar la cólera en contra de otro. Cuantas más vueltas da a los motivos que han originado su enfado, mayores y mejores razones creerá tener para seguir enojado, alimentando con sus pensamientos la llama de la cólera. El enfado, pues, se construye sobre el propio enfado y su naturaleza altamente inflamable atrapa las estructuras cerebrales, anulando toda guía cognitiva y conduciendo a la persona a las respuestas más primitivas [...]. Por su naturaleza invasiva, el enfado suele percibirse como una emoción incontrolable e incluso euforizante, y esto ha fomentado la falsa creencia de que la mejor forma de combatirlo consiste en expresarlo abiertamente, en una suerte de catarsis liberadora".

Esta fue la emoción que más me costó aceptar en mí misma, puesto que siempre he sido una persona tranquila y vivía tras el engaño de que la rabia era algo que yo tenía muy superado. Sin embargo, me di cuenta que solo la tenía castrada. Digamos que aprendí a ser una *buena niña*.

Ahora ya soy capaz de identificarla en el momento, de sentir su fuerza. Lo que hago es permitirme experimentarla, **autorizarme a mí misma a estar enfadada** y sentir la rabia correr por dentro. Esto hace, de una forma casi mágica, que la emoción pierda fuerza. Después, si tengo la oportunidad, me voy a caminar, a paso ligero, acelerando. Porque sé que cualquier tipo de ejercicio físico hace que el corazón bombee más deprisa y el cerebro comience a liberar endorfinas. ¡Ay... las endorfinas! Cuántos buenos ratos nos hacen pasar. ¿Sabes qué? Cuando vuelves de la caminata o de hacer ejercicio, aquello tan rabioso no tiene ni la cuarta parte de su intensidad. Te dejan como la seda. Es la clave para que los pensamientos sean más positivos y cambie el estado de ánimo. ¡Son maravillosas!

Al contrario de lo que se creía antiguamente, si expresas tu ira (aunque sea contra algo inanimado, golpeando un cojín, una pared o un saco de boxeo), no solo no te liberas de ella y contaminas a los que te rodean con su baja vibración, sino que se refuerzan tus conexiones neuronales y, al reforzarse, allanas el camino para que esa misma respuesta se repita en el futuro.

• **El asco**: hace que aumente tu actividad gastrointestinal, que sientas arcadas o ganas de escupir. Tu presión sanguínea desciende, arrugas la nariz y tu respiración se vuelve fuerte. El asco o el disgusto te provocan reacciones de rechazo ante ciertos alimentos. Ya lo dijo Darwin: "La nariz se arruga en un intento de impedir la inhalación de la sustancia tóxica para protegernos". Y tú habrías dicho que era malo.

• **La tristeza**: si las endorfinas son majas, la serotonina, también; pero la tristeza reduce tus niveles de esta hormona de la felicidad, tu metabolismo funciona más despacio y sientes pesadez corporal, te cuelgan los brazos como si fueran los de un muñeco de trapo, tu respiración se vuelve superficial y la mirada se te pierde. La tristeza te invita al recogimiento y, si la evocas por una mala conciencia, desemboca en la rumia por el error cometido. Ahí quedas, enganchado, erre que erre. Es una especie de estímulo para no volver a cometer eso que tanto te aflige.

Cuando me sentía triste solo me apetecía estar aislada y no relacionarme con nadie. Más de una vez te habrá pasado igual que a mí: dejaba que la tristeza me recompusiera y que, tras encomendarme a ella, las cosas se arreglaran. Pero soportaba días y noches penando por las esquinas, en el papel de víctima, mientras que aquello no se arreglaba. Fueron muchas veces, hasta que hubo una en que vi que la cosa aún podía empeorar —lo llaman depresión—y decidí ponerme manos a la obra. ¿Qué hice? **Modificar mi manera de pensar.** Y fue sorprendente. ¡Más adelante te lo cuento!

- **La alegría**: esta es la reina. Mira cómo se lo hace: aumenta tu frecuencia cardíaca, te activa el sistema metabólico, hace que liberes hormonas de felicidad (endorfinas), que aumente tu energía corporal. Fíjate: tu torso se echa hacia delante, los hombros van para atrás —¡creces!—, tu respiración se vuelve profunda y rápida, se te dilatan las pupilas y relajas la cara. También tu timbre de voz se vuelve más agudo y la cara se te decora con una amplia sonrisa. La alegría asume una función de recompensa ante situaciones exitosas con el objetivo de que puedas repetirlas en el futuro. Es como lo de la tristeza, pero al revés.

La alegría y la actividad armoniosa te mantienen saludable y prolongan tu vida. ¡Y son gratis!

Tus células están procesando tus experiencias y lo hacen todo el tiempo, sin que te des cuenta. Y así como una depresión arrasa con tu sistema inmune, serenarte te trae unos beneficios extraordinarios. También te he dicho que el control de las emociones es clave para el éxito. Sin embargo, no caigas en la trampa de creer que tu racionalidad prima sobre tus emociones y, orgulloso de tu capacidad para controlar estas, intentes reprimirlas. Ahí tienes todas las de perder.

**Cada emoción es un impulso básico que te moviliza a actuar y reprimirlo te puede hacer enfermar** gravemente. Es más, solo encontrarás esta extraña anomalía de que las emociones se hallen separadas de las reacciones en el mundo civilizado de los adultos.

Una emoción es como un balón: si intentas sumergirlo bajo el agua, cuanto más lo empujes hacia abajo, con más fuerza surge a la superficie. Así, cuando reprimas una emoción o varias de forma continua y encuentren una vía de escape para el desahogo, lo harán de forma mucho más desproporcionada que si las gestionas en el momento que aparecen.

En nuestra cultura está mal visto que un hombre llore o sienta miedo. Entonces, si se da el caso de tristeza o miedo en un hombre, es posible que lo reprima porque le han machacado toda la vida con que los hombres son fuertes, no lloran, no muestran debilidades... Y si se ha hecho adulto con ese programa. ¿Qué crees que hará? Expresará rabia o ira en su lugar, que está más aceptado en su condición de hombre. Y así nos encontramos innumerables problemas de violencia de género. **Emociones reprimidas que un día explotan por no saber qué se puede hacer con ellas.**

Reprimes tus emociones porque quieres que te reconozcan y temes que no lo hagan si te muestras tal como eres. Tienes miedo a sufrir. Nos pasa a todos. También viene impresa en tu ADN la necesidad de ser aceptado para sentirte seguro. Pero **cuando reprimes una emoción genera persistencia y la persistencia les da potencia.** Cuanto más te resistes, más consigues el efecto contrario. Bloqueas tu creatividad y se potencia tu miedo. Es obvio que no es ese el camino.

Si te estás preguntando qué hacer con ellas para liberarte de los condicionamientos que dirigen tus experiencias, te aseguro que el paso más importante es **observar.** Ser capaz de prestarles atención en el momento en que aparecen es imprescindible para no dejar que te dominen de forma inconsciente. Las primeras veces serás capaz de observarlas *tarde*, cuando ya hayan pasado. No te preocupes, es normal, solo date cuenta de cómo te han poseído tus reacciones, tus cambios, tus sensaciones. Poco a poco, irás siendo consciente de ellas en el momento en que las estás sintiendo.

Ahí está el poder: **la identificas, te das el permiso de sentirla** y decides qué puedes hacer al respecto.

**Observa también tus creencias**: son el pedestal sobre el que se asientan tus emociones y no todo el mundo reprime las mismas. Según tu cultura, serán de un tipo u otro, vendrán con unas consignas u otras. Si te enseñaron a rechazar la tristeza, la ira o el miedo, te estarás pasando la vida jugando al escondite con ellas. Si en tu mapa una emoción es *mala*, la reprimirás hasta enfermar si es preciso, sin darte cuenta que forman parte de la vida.

Sergi Torres dice y no le falta razón, que "**somos elitistas emocionales, no nos permitimos sentir lo que sentimos**".

La mejor respuesta es reconocerlas y aceptarlas, nada de juicios ni ocultamientos, permitiéndote sentirlas y expresándote a ti mismo lo que estás notando por dentro para reconocerlo y, si no te gusta, aprovechando la ventaja de preguntarte para qué estás sintiendo esta emoción. Entonces

**cambia la forma de verlo y cambiará tu emoción**. Cuando aceptas una emoción y te permites sentirla, la estás dejando ir y te estás liberando de todos los pensamientos asociados. Utilízalas. Ponlas a trabajar para ti: expresa lo que sientes de manera asertiva —«ha pasado esto y a cuenta de ello me he sentido así... y no me gusta nada»—. No te gusta. Pregúntate entonces qué hay detrás. Por qué no te gusta: «No me gusta que Fulanito me llame gordo o inútil o torpe». Es fácil que antes de que Fulanito te llame así o asá, tú mismo te lo digas, que no aceptes tu sobrepeso o no ser el más listo de la clase. Muy bien. Conecta con eso. Es un hecho que tienes algunos kilos de más o que no consigues los resultados que pretendes. Lo siguiente es: ¿qué quieres hacer al respecto?, ¿qué puedes hacer?

Aceptas la emoción, te das el permiso de sentirla, decides qué hacer al respecto, te pones en marcha... Y las conexiones de tu cerebro empiezan a cambiar. Solo tienes que perseverar en esa conducta.

**Se trata de que seas humilde y dejes de querer controlar o cambiar situaciones, personas o acontecimientos**. Es necesario que renuncies al deseo de tener la razón y seas tú mismo. Si quieres cambiar algo en ti, hazlo; si no, acepta que no puedes y pon tu atención en otros aspectos sobre los que sí puedes intervenir.

# II.II.  LA FUERZA DE LOS SENTIMIENTOS

*Nada puede cambiar a menos que se
entienda, ya que la luz es entendimiento.*
Un Curso de Milagros.

Tus pensamientos generan emociones y estas, sentimientos. Tus sentimientos son la interpretación que haces de las sensaciones físicas a las cuales les pones un cartel: "me siento impotente, frustrado, culpable, cohibido, minusvalorado; soy celoso, cobarde, lento". Podemos decir que **las emociones pertenecen al cuerpo y los sentimientos a la mente.**

Para mí fue de vital importancia descubrir *El poder contra la fuerza*, del psiquiatra David Hawkins, donde mide a través de un test muscular de kinesiología, la vibración de cualquier cosa, incluidas cosas intangibles como los sentimientos. Establece una escala de cero a mil, en un mapa de emociones que se corresponde con diferentes niveles de conciencia, desde la vibración más baja del ser humano —cuando la energía está por los suelos— hasta la más elevada de todas.

Lo comparto contigo de forma breve porque puede que te ayude, como a mí, a tomar conciencia cuando me identifico con algunos de estos estados. Verás; lo he dividido en dos partes:

**Menor de 200**

- **Vergüenza**: (20) se caracteriza por la humillación. Seguro que has experimentado cómo es enrojecer de vergüenza.

- **Culpa:** (30) te lleva al rechazo de ti mismo, a los remordimientos, al masoquismo, a sentirte mal. **Es uno de los sentimientos más tóxicos que existen.** Puede que te resulte familiar porque está muy presente en la religión católica y tiene mucho peso en la cultura de occidente.

Es un sentimiento muy dañino e injusto, porque todos, sin excepción, hacemos siempre lo que pensamos que es la mejor opción con las posibilidades que tenemos a nuestro alcance, aunque a veces nos equivoquemos; con los recursos que tenemos, hacemos lo que creemos mejor.

- **Apatía**: (50): se caracteriza por la desesperanza y los sentimientos de "no puedo" y "¿a quién le importa?".

- **Sufrimiento**: (75) predominan la desesperación, la impotencia, la depresión, la pérdida, el desaliento.
- **Miedo**: (100) instalado en él, ves peligros en todas partes, estás inquieto, ansioso, vigilante y a la defensiva.
- **Deseo**: (125) siempre estás buscando la ganancia y nunca te sientes satisfecho.
- **Ira**: (150) esta energía supera al miedo por la fuerza, mediante el ataque y las amenazas. Es irritable, amarga y resentida
- **Orgullo**: (175) en esta vibración, la energía es más alta porque te sientes superior a los demás. El orgullo persigue el deseo de reconocimiento y el perfeccionismo.

Cuando permaneces en una de estas vibraciones, la enfermedad es inevitable. No te preocupas por los demás, compites, mientes, te guías por instintos primitivos, eres agresivo contigo mismo o con los demás. **Olvidas tu poder interior**. Necesitas absorber energía de otras personas porque no eres capaz de generarla tú mismo. No vives desde la responsabilidad, sino desde el victimismo y la queja; desde la creencia en la mala suerte y la búsqueda de culpables.

Una tercera parte de la población vive inmersa en el miedo, la tristeza y la culpa —puedes observar que sufre— y esto ejerce mucha influencia sobre el colectivo. **Sentirse víctima está muy ligado a la inmadurez emocional**, a pensar que la culpa de todo la tiene el otro o a la práctica del chantaje emocional. El victimismo no te ayuda a crecer como persona, al contrario, te hace repetir la misma conducta una y otra vez. Pero eres tú quien decide como evaluar cada situación, si como víctima o como maestro; si como tragedia o como aprendizaje. Solo tú puedes decidir.

### Mayor de 200

- **Coraje**: (200) esta vibración se caracteriza por el entusiasmo y la autocapacitación. A partir de aquí la vibración ya es saludable.
- **Neutralidad**: (250) es la capacidad de estar bien de cualquier manera, libre de posiciones rígidas, sin críticas ni competitividad.
- **Voluntad**: (310) es una vibración positiva, amable y servicial.
- **Aceptación**: (350) es aún más elevada porque es flexible, no culpa, es energía fluida, relajada, armoniosa y libre de resistencias internas.

- **Razón**: (400) eres objetivo y puedes tomar decisiones rápidas y correctas. En esta vibración se encuentran la ciencia, la filosofía, la medicina y la lógica.
- **Amor**: (500) emana del corazón. Es una energía que perdona, nutre, apoya y ve la amabilidad de todo lo que existe.
- **Alegría**: (540) ilumina la belleza en todas las cosas, se hace evidente la perfección de la creación, la compasión, la paciencia, un sentimiento de unidad con los demás y de felicidad.
- **Paz**: (600) es la más alta de todas las vibraciones que experimenta el ser humano, aunque los seres humanos que la experimentan sean escasos. Es un estado de no dualidad, la comprensión de la unidad, del todo. Se describe como iluminación y entendimiento. Es la perfección, la felicidad, la fluidez y la unidad.

Los niveles de conciencia superiores a doscientos empiezan con **el coraje, que es la confianza interna**; en estos estados, las personas, lejos de utilizar al otro, son altruistas y colaborativas, se potencia la sanación y se trasciende la falsedad.

Cuanto más bajo sea tu estado vibracional, más negativamente influirás en tu vida. A medida que reconozcas y aceptes tus sentimientos y emociones, experimentarás más libertad, menos limitaciones, aumentarán tus pensamientos, sentimientos y emociones positivas. Por debajo de doscientos te llevan a la desesperación; por encima, te conducen a la motivación, ofreces energía al mundo en lugar de robársela y te conduces con responsabilidad.

El Dr. Hawkins afirma que el nivel de conciencia colectiva en lo que respecta a la humanidad en su conjunto se había mantenido por debajo de doscientos durante siglos y, **en los años noventa, dio su salto cuántico al nivel del coraje**, que es la línea crítica que separa las vibraciones negativas. A partir de aquí la energía se da y se recibe debido al aumento de la autoestima por los logros realizados.

Es donde empiezas a hacer tuyos el empoderamiento, la fuerza y la autoestima. La vida te parece excitante y estimulante. En este nivel eres capaz de gestionar con eficacia las oportunidades que se te ofrecen, estás dispuesto a afrontar cambios o desafíos y sabes que con esfuerzo **puedes conseguir lo que te propongas**. Eres capaz de afrontar temores o defectos del carácter y seguir creciendo. Esto incluye la capacidad de admitir errores sin caer en la culpa y que tu autoestima no disminuya al observar lo que necesitas mejorar.

---

"No puedes tener fe en ti mismo mientras sigas teniendo culpabilidad
[…]. Tanto la paz como la culpabilidad son estados mentales que
se pueden alcanzar […]. La paz o el amor y la culpabilidad son
antitéticos, no pueden coexistir, y aceptar uno supone negar al otro".
*Un curso de milagros.*

---

Para ir aprendiendo a gestionar tus emociones, te invito a que hagas este ejercicio durante esta semana, cada vez que tengas un sentimiento que no te guste:

1. **Obsérvalo.**
2. **Permítete sentirlo,** sin juzgarlo y sin buscar culpables; solo siéntelo.
3. **Escríbelo** en un papel de la forma más breve posible y déjalo ir.
4. **Piensa en algo que te haga sonreír** o finge una sonrisa: está comprobado que el hecho de sonreír aunque sea de forma fingida, tiene un efecto muy positivo en tu cerebro. Hablaré de ello un poco más adelante.

Si el pensamiento es recurrente, acepta de nuevo la emoción que te produce y déjalo ir mientras vuelves a pensar en algo positivo. Así, cuantas veces sea necesario. Recuerda que **la mente es muy insistente** y estás modificando un patrón que llevas toda la vida entrenando. Es como aprender a montar en bicicleta, que no aprendes solo con intentarlo una vez, sino que **debes ser paciente contigo mismo y no rendirte.**

Carl Gustav Jung afirmaba con buenas dosis de razón: "Aquellos que no aprenden nada de los hechos desagradables de sus vidas fuerzan a la consciencia cósmica a repetirlos. **Lo que niegas te somete, lo que aceptas te transforma**".

Si algo estoy ganando con la práctica de estos ejercicios es madurez emocional, compresión de que **todo lo que me pasa es responsabilidad mía**. Dejo de compararme con los demás y me entreno diariamente para convertirme en responsable de mis pensamientos, sentimientos y de mi vida. Soy la única responsable de mi bienestar, de cómo me gestiono, e independiente de lo que pase afuera.

He aprendido mucho de muchas personas que considero maestras y es la razón de que me prodigue en citas. Mira, sin ir más lejos, lo que dice Virginia Satir: "Cambiar consiste en aceptar con franqueza los sentimientos, esto es esencial para establecer contacto".

Ser honesto contigo mismo es el principio. Lo que sigue es actuar conforme a lo que sientes. Digamos que conectas con tu sentir, te expresas acorde con ello y actúas de modo coherente, razonable y lógico. Cuando lo haces así, puedes decir que *estás en coherencia*. Sin embargo, la mayoría de las personas se comportan de forma errática, contraria a lo que piensan y a lo que han prometido hacer. Y claro, luego, se frustran.

**La mayoría de la gente da por sentada la deshonestidad emocional** y es incoherente consigo misma, acaba frustrada y se queja. No parece un modo de comportamiento muy saludable.

Hace cien años que comenzamos a hacer práctica habitual de la higiene personal. Con ella aumentó la esperanza de vida más del cincuenta por ciento en unas décadas. ¿No crees que tu calidad de vida aumentaría exponencialmente si empiezas a practicar la higiene emocional? ¿Te imaginas cómo sería el mundo si todos estuviéramos psicológicamente *saludables*?

Si vives las emociones de forma consciente aumenta el bienestar de en tu vida, es decir, en las circunstancias en que te ves involucrado y con las personas que te relacionas. Por eso es fundamental que enseñes a tus hijos a verbalizar sus estados de ánimo. Porque las emociones se educan y, si los niños logran actuar desde la conciencia, crecen comprendiendo y regulando sus propios estados emocionales.

Por un instante, me hago portavoz de la escritora y filósofa Elsa Punset: "Enseñamos a los niños a leer, escribir o vestirse, pero ¿qué hay de sus emociones? […]. Las emociones lo afectan todo, desde nuestra salud física hasta nuestro cociente intelectual, nuestra forma de relacionarnos con los demás, cómo tomamos una decisión y nuestra creatividad […]. Educar las emociones puede convertirse en la llave de libertad para las personas".

Las escuelas que han sustituido al viejo sistema de castigo por la meditación son claramente transformadoras y revelan esto que digo. **Aprender a cuidar tus emociones tanto como tu cuerpo aumenta tu bienestar y, en consecuencia, tu salud.**

## II.III.  EL IMPACTO DE TUS EMOCIONES

*La enfermedad es el esfuerzo que hace la*
*naturaleza para sanar al hombre.*
CARL GUSTAV JUNG.

Si tu cuerpo está sano, sin dolencias, quiere decir que tu equilibrio es el correcto. Por el contrario, la aparición de algún síntoma, por pequeño que sea, indica una ligera incoherencia entre lo que piensas, sientes y expresas.

A través de milenios, la humanidad ha estado al tanto, en grado más o menos consciente, de que **todas las enfermedades tienen un origen psíquico**; es meramente la medicina moderna la que ha convertido a nuestro ser animado en una simple bolsa llena de fórmulas químicas. Una máquina separada de la mente y de la psique. Es cierto que **se puede distinguir entre cuerpo, mente y emociones, pero no se pueden separar**, aunque la medicina alopática siga anclada en el siglo pasado y sin tenerlo en cuenta.

Sin embargo, existen numerosos estudios que evidencian que la enfermedad es causada por impactos psíquicos, que es una respuesta biológica a una situación insólita. Cuando recibes un impacto emocional todo tu sistema se resiente, tanto a nivel psíquico, como a nivel cerebral y orgánico, porque tu cuerpo no está separado de tu psique: **eres un ser holístico**, no vas por partes. Pasa como con la mano, que consta de palma y dorso, pero son inseparables. De manera que la enfermedad, tal y como la conoces, sucede por *casualidad*: el cuerpo, los tejidos, se enferman sin motivo aparente o por razones tan absurdas como *la mala suerte* o los antipáticos virus. Tal vez eres una de esas personas que no cree en nada, salvo que enfermar es una lotería funesta. Déjame decirte que nada más lejos de la realidad.

Mira, Aristóteles ya me daba la razón sin conocerme: "El cuerpo no está separado de la mente ni de las emociones de la persona".

Este gran maestro y pensador inducía a entender que todo desequilibrio se manifiesta en el cuerpo como un dolor físico o una enfermedad. El ser humano, muy a menudo, sufre una falta de equilibrio entre la mente, las emociones y el cuerpo. Sin embargo, es un todo integrado.

David Ramon Hawkins lo explica así: "La mente con sus pensamientos es dirigida por los sentimientos. Cada sentimiento deriva de la acumulación de muchos miles de pensamientos. Como la mayoría de las personas suprimen y rehúyen sus emociones durante toda su vida, la energía reprimida se acumula y se expresa a través de trastornos corporales, enfermedades emocionales o conducta desordenada en las relaciones interpersonales. **Las emociones acumuladas bloquean el crecimiento** espiritual y la conciencia, así como el éxito en muchas áreas de la vida".

Pensar que las enfermedades que padecemos son casualidad, sabiendo el delicado equilibrio en el que se desarrolla la vida, parece casi un insulto a la consciencia universal, tan perfecta, tan sublime.

Es muy probable que a los síntomas los llames enfermedad, cuando son solo una señal de alerta de algo a lo que tienes que prestar atención, algo que debes cambiar o mejorar. Es siempre una adaptación biológica.

No escuchar el mensaje biológico, te puede llevar a enfermar y, en el peor de los casos, a morir. Lo más importante es que aprendas a interpretar tus síntomas como mensajes de tu inconsciente biológico, ya que **toda enfermedad viene precedida por un impacto emocional** que puede ser súbito o acumulativo. Verás:

• Un **impacto súbito** es, por ejemplo, una noticia desagradable e inesperada. Como les sucedió al Doctor Ryke Hamer y a su mujer, que recibieron la noticia de que su hijo adolescente había muerto en unas vacaciones en el mediterráneo. Tras este desgraciado hecho, ambos enfermaron gravemente, él de cáncer de testículos y ella de cáncer de mama. Esto empujó al Doctor Hamer —oncólogo de profesión— a investigar a fondo la influencia de las emociones, sospechando que aquello no podía ser mera coincidencia. Decidió investigar las historias personales de sus pacientes de cáncer para ver si ellos habían sufrido algún choque conflictivo, angustia o trauma anteriormente a su enfermedad. Y tras una intensa investigación con miles de pacientes, escáneres cerebrales e infinidad de pruebas, consiguió demostrar que el **cáncer y otras patologías son una respuesta biológica a una situación traumática.**

• Un **impacto acumulativo** puede ser una situación desagradable que se repite en el tiempo. Por ejemplo: un compañero se quejaba cada día de que no soportaba al jefe. Él decía literalmente: "no lo trago", "no puedo con él, cada vez que me lo cruzo se me encoje el estómago". Ante una situación así, el inconsciente no juzga, simplemente actúa. Cada día le llegaba la información de que algo no se estaba asimilando bien —al inconsciente le da igual si se trata de un chuletón o de una situación— y este ordena producir más jugos gástricos para solucionarlo, pero si la situación se repite en el tiempo, el exceso continuado de estos ácidos puede acabar desencadenando lo que le ocurrió a mi compañero: una úlcera de estómago.

Los impactos emocionales se manifiestan de forma simultánea en la esfera psíquica, en el cerebro y en el órgano correspondiente al área cerebral que ha recibido el impacto.

Dice Christian Beyer, doctor francés y especialista en psiconeurodontología, que **"las células del cuerpo no entienden las palabras, solo entienden y reaccionan a las emociones"**. La auténtica enfermedad es nuestra forma de vida, que acaba dando lugar al síntoma.

Quiero compartir contigo una anécdota que en su momento me dejó perpleja porque fue mi primera experiencia de curación con solo una toma de conciencia:

Vino a visitarme mi hermano, y como sabía que desde hacía más de diez años había desarrollado alergia al zumo de melocotón, aun cuando siempre había sido su zumo favorito, le comenté que estaba estudiando que determinadas alergias, sobre todo las alimentarias, son relativamente fáciles de curar si haces consciente el hecho que las ha provocado. Él me miró incrédulo y preguntó: "¿Y cómo puedo hacer eso?".

Le expliqué que todos somos potencialmente alérgicos, que podemos desarrollar una alergia ante una situación estresante, vivida en soledad y que nos provoque un fuerte impacto emocional; que la alergia es una reacción desproporcionada del sistema inmunitario en un intento de proteger al organismo contra algo que percibe como una amenaza, pero que para la mayoría de las personas se trata de algo inofensivo; le expliqué también que el origen es una situación de impacto emocional en la que el inconsciente ha grabado con los cinco sentidos todo aquello que rodeaba la escena dolorosa —ruidos, olores, sabores, sensaciones, lo que ve—. Cada detalle se graba y se almacena. Si en el futuro se repiten uno o varios factores de esa escena, el individuo puede desarrollar una alergia. La razón es que el inconsciente, en un intento de protegerlo, responde encendiendo la señal de alarma y produciendo el síntoma alérgico.

Llevé a cabo con él un acompañamiento hasta encontrar la última vez que había tomado zumo de melocotón sin darle alergia. Y, *casualmente,* coincidió con una traumática operación de amígdalas en la que se complicó la recuperación y pasó diez días solo en casa con muchos dolores, noches eternas y, como no podía comer, solo ingería zumo de melocotón. Se lo llevaba nuestra madre porque era su zumo favorito. Desde entonces cada vez que había probado este zumo se le hinchaban la lengua y la garganta y no había podido volverlo a tomar.

Mientras me lo contaba estaba pálido, sudaba y le temblaban las manos. Yo me asusté un poco y empecé a mirar mis apuntes donde vi que era una reacción normal, que empezaba a tomar conciencia. Estaba cambiando conexiones neuronales y eso suponía un gran esfuerzo a nivel mental. Sus neuronas desconectaban lazos que llevaban años mal conectados mientras su cerebro creaba nuevas conexiones. Tenía el corazón agitado y le sudaban las manos por el esfuerzo. Yo sabía que estaba llevando a cabo la tarea más difícil que puede ejecutar la mente: cambiar una creencia.

Después de una hora, más o menos, que duró el estado de *shock* y para mi sorpresa, se fue a comprar zumo de melocotón porque decía que tenía el sentimiento de que la alergia había desaparecido. Volvió a casa, se lo tomó conmigo —no fuera a ser que tuviera alguna reacción— y, efectivamente: la alergia había desaparecido.

Su cerebro inconsciente, que no hace juicios, reaccionó ante una situación dolorosa, guardó la información que se repitió a lo largo de todos esos días —el zumo de melocotón asociado a una circunstancia dolorosa— e intentó protegerle para que no volviera a sufrir. Y ese día, al ser capaz de observar la información de manera consciente, su cerebro reaccionó deshaciendo aquellas conexiones que, por fin, eran obsoletas.

Dicho de otra manera: **es como traer información guardada en tu cerebro primario al neocórtex para observarla y así hacerte consciente de la emoción que provoca el síntoma.**

Si esto le hubiera pasado en una visita a la Virgen de Lourdes diría, sin lugar a dudas, que había sido un milagro. Pero no fue así y pude constatar en primera persona lo que decían mis estudios acerca de la relación entre las emociones y las enfermedades.

En su libro *Las voces del desierto*, la doctora Marlo Morgan cita una frase de los aborígenes, con quienes convivió en Australia, que creo que ilustra muy bien este tema:

> "No hay monstruos inadaptados ni accidentes. Solo hay cosas que el ser humano no entiende. Cuando un médico le dice al paciente que no tiene cura, lo que en realidad está diciendo es que no tiene información para curarlo. No significa que no exista la cura".
> *Marlo Morgan.*

Con todo lo que te he contado hasta ahora, ya debes tener una visión más completa de lo que son las emociones y cómo te afectan en tu día a día. Así que te voy a recordar los pasos más importantes para que una emoción dolorosa no te paralice:

- **Identifícala**: aunque te sientas sobrecargado y no sepas que te pasa, detente a identificar lo que estás sintiendo por un instante. **Este simple gesto disminuirá la intensidad** del sentimiento y te permitirá afrontar la situación con mayor facilidad y rapidez.

- **Acéptala**: se trata de que admitas el momento tal y como es, con la vivencia que estás experimentando aquí y ahora, porque es desde el único punto donde puedes cambiar algo; no lo puedes hacer mañana ni ayer, solo hoy, ahora.

- **Permítete sentir sin juzgar.** La idea de que cualquier cosa que puedas sentir es *errónea* o la taches de *inapropiada* constituye una forma de destruir la comunicación sincera contigo mismo.

- **Felicítate por ser capaz de observarla**: cultiva la sensación de aprecio por todas tus emociones y, lo mismo que un niño que necesita atención, descubrirás que tus emociones se *calman* casi de inmediato. Agradece el hecho de que haya una parte de tu cerebro que te envía una señal de apoyo, una llamada a la acción para efectuar un cambio, y que seas capaz de reconocerla.

- **Obtén confianza de ti mismo**: una forma de conseguirla consiste en recordar las formas en que manejaste una situación similar en el pasado.

Imagínate viendo, escuchando y sintiendo que manejas la situación con facilidad. Recuérdate que puedes manejar esto no solo hoy, sino también en el futuro.

La madurez emocional llega cuando entiendes que todo lo que te pasa está en consonancia con el momento presente que te toca vivir. Llega cuando dejas de compararte y te conviertes en responsable de tus pensamientos, sentimientos y de tu vida: cuando sigues tu intuición y te das cuenta que **eres la clave de tu propio bienestar.**

---

**La función de tu cerebro inconsciente es protegerte, no hacerte feliz. De eso te tienes que encargar tú.**

---

# II.IV.  DISFRUTA DE RELACIONES EQUILIBRADAS

*Hemos de comprender los comportamientos de los demás, pero esto no significa que debamos aceptarlos.*
ENRIC CORBERA.

Sabes de sobra que, como ser humano, eres un ser social y tienes la necesidad de relacionarte con otros para vivir y evolucionar. Aun cuando seas alguien solitario y creas que no necesitas relacionarte con nadie para vivir plenamente, pregúntate como irías vestido si no fuera por tu relación con otras personas, qué comerías, donde vivirías...

## II.IV.I. RELACIONES INTERPERSONALES

*No hay que apagar la luz del otro para lograr que brille la nuestra.*
M. GHANDI.

La mayor parte de tu felicidad o infelicidad depende de tus relaciones con los demás. En el complejo mundo de las relaciones interpersonales, debes tener claro **que todas son un espejo que te refleja.** Para bien y para mal.

Como todos los individuos, tú tienes un lado oscuro que tal vez te cuesta reconocer. Carl Gustav Jung lo llamaba *la sombra.* Para reconocerla, debes comprender que **hay una parte de ti que no te gusta y haces todo lo posible por esconderla.** Es tu lado menos agradable; algo que, si pudieras, borrarías de un plumazo. Sin embargo, es necesario que lo identifiques, lo asumas y llegues a amarlo incluso, porque es un activo de incalculable valor en tu superación personal.

Debido a la dificultad que entraña reconocer y aceptar la propia sombra, utilizamos el mecanismo de la proyección, una de las formas más negativas de no trabajar los propios defectos y adjudicar nuestros males a la incompetencia o a la maldad de los demás.

Fíjate: sin embargo, todos tenemos sombra, ya que la propia naturaleza del mundo implica que exista luz y oscuridad. Si eres de los que creen que no la tienes es porque la niegas, pero hay una técnica infalible para ayudarte a reconocerla: poner la oreja. ¡Presta atención! Percibir la sombra implica mirarte en el otro y aceptarte. **Todos los defectos que no te gustan del prójimo son los tuyos propios que no quieres ver.** Dicho de otro modo: algo de lo que ves en el otro te pertenece porque, si no, no lo verías. Y cuanto más te raya, más proporción tienes de eso que te resulta aborrecible.

> "Quien siembra proyecciones cosecha enfermedades.
> Todo lo que no acepto de mí mismo, lo proyecto fuera.
> Todo lo que criticamos del exterior es aquello
> que no nos gusta de nosotros mismos".
> *Alejandro Jodorowsky.*

Quizás te molesta que fulanito sea una persona muy tacaña y tú pienses que no eres así en absoluto. Pero si es eso lo que te molesta es porque está ahí, tal vez eres una persona generosa con los demás, pero te comportas de forma egoísta contigo mismo, no permitiéndote ciertos caprichos o, simplemente, no concediéndote momentos para dedicarte a ti.

**El otro no existe.** Para el inconsciente todo es uno, todo es yo. La proyección que haces sobre los demás es la proyección de tus necesidades. Puedes hacer tuyos los problemas de los demás, sufrirlos y que te pongan enfermos. De ahí una frase muy conocida que dice: «Me pones enfermo».

Pero además las proyecciones que haces son fuente de conflictos con el otro. Como sabes, **cada persona tiene su propio mapa de realidad** y se llena de razones por las que cree en él a pies juntillas. Esto significa que los choques entre mapas están garantizados si se carece de flexibilidad; nos liaremos a tortas simbólicas —y a veces reales—si tú crees y yo creo que cada uno estamos en lo cierto y que el equivocado es el otro; nos liaremos a broncas si no damos nuestro brazo a torcer. De manera que la energía se libera en forma de desacuerdos, discusiones o luchas.

Cada vez que esto suceda, te ayudará ponerte en el lugar del otro y comprender que **sus comportamientos tienen una intención positiva**, porque todo el mundo elige la mejor opción a su alcance; te ayudará saber que si el otro pudiera ver más o hacer más y mejor, lo haría. En lo más profundo de sí, quiere lo mismo que quieres tú: **ser feliz**, vivir una vida plena y en paz... Solo es que cada persona intenta conseguirlo de la forma que le han enseñado o con los medios que tiene, pero todos sin excepción hacemos lo que hacemos con una intención positiva, buscando un bien, utilizando la mejor opción, aunque pueda parecer errónea a ojos de los otros.

Así pues, está de más juzgar a nadie, aunque tampoco signifique esto que debas estar de acuerdo en todo. Puedes no estarlo, pero comprenderlo y respetarlo. Y tener presente que tu objetivo es ampliar tu propia visión, tu propia capacidad de abrirte a otros puntos de vista. **Tus juicios no hablan del otro; hablan de ti.**

Para que tus relaciones sean exitosas hay una fórmula mágica. Como si se tratase de una receta de cocina, existen cuatro ingredientes necesarios para crear una relación satisfactoria:

- **Dar-recibir:** has de utilizar la proporción y la medida justas de cada uno para que la receta sea un éxito. Si das mucho sin saber negarte, corres el riesgo de no ser valorado o incluso de que abusen de tu generosidad. Si solo recibes sin dar nada, serás un completo egoísta y estarás abocado a vivir numerosos fracasos personales.

Por otro lado, siempre que des, has de estar abierto a recibir, de lo contrario, la relación se desequilibrará, puesto que también tú tienes necesidades y, de igual modo que te sienta bien dar, permites que la otra persona se sienta igual de bien dándote a ti. Quien sabe recibir del otro le respeta y le brinda la oportunidad de dar a su vez, que es otro modo de ser generoso. **Todo en la vida es dar y recibir.**

Hay ciertas ocasiones muy especiales en que este equilibrio no es igualitario: los padres dan más por los hijos que a la inversa, por puro imperativo biológico. Y es natural que los hijos se sientan en deuda con los padres. Una deuda que revertirá a su vez en sus propios hijos o en otros miembros de la comunidad.

En cualquier relación es deseable que el equilibrio sea igualitario: **la energía debe fluir.** Por una parte, te hace feliz dar a otra persona y quieres dar cada vez más; por otra, la persona se siente agradecida al recibir y también quiere darte y compartir contigo. Este fluir mutuo os hace felices y refuerza la relación.

- **Pedir–rechazar**: tal como se desprende del punto anterior, que sepas pedir es imprescindible para que puedas cubrir tus necesidades. No importa si se trata de una relación sentimental, de amistad o laboral, el equilibrio redundará en que sea una relación madura, sana, armoniosa, facilitadora del desarrollo de las personas involucradas. Igual de importante es saber decir *no* cuando lo consideres necesario.

Otra cosa que facilita las relaciones interpersonales es **hablar de forma objetiva**, como se dice en PNL, sin falsear los hechos, porque estamos muy acostumbrados a interpretar lo que vemos y esto no ayuda, ya que **cada uno interpreta desde su mapa**. No es lo mismo decir:

- Mi jefe frunció el ceño o no me miraba (hechos objetivos).
- Mi jefe se enfadó conmigo o me ignoraba (alucinaciones).

En la segunda frase se produce una distorsión: ocurre cuando atribuyes un significado que no se puede verificar, cuando **traduces según tu código interno**. Quién te dice a ti que tu jefe no recordó algo en ese momento que nada tenía que ver contigo.

También lo hacemos con cosas positivas como cuando sacamos conclusiones de este tipo:

- Me sonríe o me presta atención = Le gusto o me ama.

Un error común es creer que tu percepción es real, porque eso te lleva a defenderla y a no darte cuenta que está determinada por tus creencias, experiencias y acontecimientos que has vivido.

Ser realista y tener en cuenta estos pequeños detalles te facilita la forma de relacionarte y te ayuda a saber que **tu realidad cotidiana depende en gran medida de cómo decidas observar.**

En nuestra sociedad hemos hecho del mal humor un hábito, **escondemos nuestras inseguridades detrás de quejas** y consideramos que una imagen seria es más veraz. Sin embargo, no es así necesariamente; es más, conviene tener cuidado con los que carecen de humor —sean personas, instituciones o sistemas de creencias— porque los suele acompañar un impulso de controlar y dominar.

Sigmund Freud atribuyó a las carcajadas el poder de liberar al organismo de energía negativa, algo que más tarde ha sido demostrado científicamente. **Al reírte, el cerebro produce endorfinas y se potencia la creatividad.**

Sin embargo a medida que vamos creciendo, perdemos la espontaneidad de dejarnos llevar por la risa. De ahí que conviene recordar cómo reír, por eso el éxito de terapias como la risoterapia. Porque **no puedes reírte y estar preocupado al mismo tiempo.** Prueba y verás.

Seguro que deseas cualquiera de los efectos que produce una carcajada a nivel físico. Mira, si no:

- Disminuye el insomnio.
- Previene infartos, ya que los espasmos que se producen en el diafragma fortalecen los pulmones y el corazón.
- Rejuvenece la piel porque tiene un efecto tonificante y antiarrugas.
- Al liberar endorfinas, tiene un efecto analgésico.
- La carcajada hace vibrar la cabeza y se despejan la nariz y el oído.
- Reduce la presión arterial.
- Refuerza el sistema inmunológico.
- Facilita la digestión, al aumentar las contracciones de los músculos abdominales.
- Mejora la respiración.
- Y también a nivel psicológico:
- Elimina el estrés.
- Alivia la depresión.
- Incrementa la autoestima y la confianza en uno mismo.
- Facilita la comunicación con otras personas, combatiendo timidez, miedos y fobias.
- Potencia la creatividad y la imaginación.
- Ayuda a aprender, favoreciendo las nuevas conexiones neuronales.

---

"Un día sin reír es un día perdido".
*Charlie Chaplin.*

---

## II.IV.II. RELACIONES DE PAREJA

*Tu tarea no es ir en busca del amor, sino encontrar las*
*barreras dentro de ti que has levantado contra él.*
Un Curso de Milagros.

Siempre se ha dicho que debes encontrar tu media naranja para tener una vida feliz y completa, creencia con la que no puedo estar más en desacuerdo. Desde mi punto de vista, **tú ya eres una naranja completa** que tiene consigo todos los recursos para ser feliz. Pensar lo contrario te lleva a vivir relaciones de pareja basadas en la dependencia del otro, un cuento cultural de que hay otro que te garantiza tu felicidad y algo aprendido a través de diferentes medios: la educación, la religión imperante, las películas y muchos libros...

Puede que te parezca difícil desaprender, vaciar la mochila de creencias acumuladas durante toda tu vida, pero si abres el objetivo verás que en otras culturas cambia por completo la idea de pareja que tienes en la cabeza. La fidelidad, por ejemplo, para un hombre musulmán, significa ser capaz de atender correctamente las necesidades de todas sus mujeres; en algunos lugares remotos del Tíbet existe la poliandria, una mujer con varios hombres, mientras que en el mundo cristiano está mal visto relacionarse sexualmente con más de una persona. **Todo depende de las creencias y de lo que cada pareja establezca como acuerdo.**

Sin embargo existen un par de estudios que me han llamado la atención sobre este tema:

1. Rodolfo Llinás, neurocientífico, afirma que la fidelidad es propia de los más inteligentes, según sus palabras: "El cerebro truhán es el de los reptiles. Por eso ellos se acercan o se van si quieren comida; atacan si quieren defenderse, y tienen sexo si quieren reproducirse". Afirma que el ser humano, cuanto más inteligente, más orientado está a dejar de lado las situaciones que desestabilizan su vida. Por todo ello, Llinás concluye que **el amor eterno es un baile infinito de neuronas entre dos personas inteligentes.**

2. El doctor Satoshi Kanazawa, especialista en psicología evolutiva, llegó a una conclusión similar. En su investigación, los hombres con

coeficientes intelectuales más altos —superiores a 106— valoran más la fidelidad en pareja. En las mujeres es diferente: todas ellas la valoran, sin que esto guarde relación con su nivel de inteligencia. El estudio indica que la monogamia es una fase superior de la evolución humana. En principio, el humano está estrechamente ligado al comportamiento instintivo del mamífero. Esto le inclina a la poligamia. Pero la monogamia parece implicar un nivel superior de evolución. Resulta mucho más inteligente establecer una relación y refinarla que ir saltando de relación en relación. La monogamia trae grandes satisfacciones y, lejos de lo que se pueda pensar, no es un sacrificio, sino que permite tener de forma simultánea un proyecto de vida individual y otro compartido. Eso sí: como toda situación humana de valor, implica esfuerzos. Sin embargo, es mucho más lo que aporta. Si la vida individual se enfoca hacia grandes objetivos, seguro que un compañero o compañera permanente de viaje es un gran tesoro.

*"La fidelidad es el esfuerzo de un alma noble para igualarse a otra más grande que ella".*
*Goethe.*

Dicho esto, creo que para avanzar hacia la igualdad y erradicar la violencia de género, por ejemplo, debemos acabar con creencias e ideas erróneas sobre las relaciones de pareja, porque no somos la mitad de nadie, ni una relación es mejor que otra porque dure toda la vida. Es más, **hay relaciones perfectas que duran muy poco tiempo, en las que cada miembro aprende lo que necesita en ese momento para seguir adelante**; y hay relaciones que duran toda la vida donde ninguno de los componentes es feliz. Cada relación tiene un aprendizaje e implica compromisos distintos.

Una pareja no tiene por qué ser un proyecto de vida, sino significar una parte importante del trayecto, un vehículo hacia el autoconocimiento y hacia el propio desarrollo, pero no un fin en sí mismo.

El mito de amor romántico ha dejado muchos mensajes con los que todavía convivimos y que anulan la capacidad de elegir, de querer desde la voluntad como seres completos, aumentando las capacidades y no mermándolas, nutriendo una relación saludable desde el respeto y la admiración mutua.

Ocurre a veces, sin embargo, que en medio de ciertas relaciones nos abandonamos a nosotros mismos y solo pensamos en el otro. En mi caso, reproduje un modelo de relación nada saludable que incluía una entrega total hacia la otra persona, hasta el punto de olvidarme de mí y de caminar sobre los pasos de mi pareja.

Gracias a que tomé la decisión de separarme, investigué sobre este tema y descubrí que existen cinco etapas en las relaciones de pareja, aunque tomemos las películas románticas como referencia cuando ofrecen solo la primera de esas etapas; y eso, sin duda, crea enormes confusiones y no menos desengaños y sufrimientos.

Hagamos un repaso por esas cinco fases que, en mayor o menor grado, todas comparten:

• La primera es el enamoramiento, donde todo es perfecto e imaginas que la otra persona va a satisfacer todos tus deseos y a complementar tu vida.

• En la segunda la pareja se siente cómoda, unida y feliz.

• Es en la tercera donde llega la decepción, donde se descubren los defectos del otro, la rutina se apodera del día a día y donde terminan la mayoría de las relaciones. En mi caso, tomamos distancia y nos dimos unos meses de reflexión que dieron lugar la siguiente etapa.

• La cuarta etapa permite reconocer las causas del conflicto. Si se aborda desde la honestidad y el respeto, da lugar a un amor más fuerte, ambos se vuelven aliados y se tratan de ayudar a superar cualquier trauma o miedo. Se aceptan el uno al otro tal y como son.

• La quinta —donde me encuentro después de resolver mis propios conflictos, de haber aprendido a amarme a mí misma y a seguir mi propio camino— es la de la complicidad, la compenetración y la aceptación mutua que brinda a cada miembro de la pareja la oportunidad de ser él mismo, sin caretas, sin tapujos, con libertad y apoyándose el uno en el otro para conseguir mucha más potencia de cara a mejorar cada día y contribuir a que el mundo sea un poquito mejor.

Dice el doctor Jed Diamond que muchas personas creen que estaban con la pareja equivocada porque no entienden que la tercera etapa, en la que la decepción hace acto de presencia, es solo el comienzo de un amor fuerte y duradero. Los velos han caído y uno se encuentra con el yo real del otro y el propio yo que ya no necesita máscaras.

El amor implica una gran responsabilidad hacia ti mismo y te brinda una excelente oportunidad para conocerte, quererte y ser más libre mirándote en el espejo de tu compañero. Una pareja no llega por *casualidad*, si todo es energía resonancia y vibración, **tu pareja la has atraído tú y por lo tanto será tu mejor maestro**. Eso sí, a condición de que tomes la propia relación, con sus acuerdos, desacuerdos y conflictos, como maestra de vida.

Solo te puedo decir con certeza que a veces la vida nos detiene los pies, solo para que descubramos y usemos nuestras alas. Suele ser muy necesario pasar por la sombra para identificar aquello que limita y, desde ahí, aportar soluciones y, en definitiva, crecer.

Dice mi amigo Sergio Soler que "la libertad solo se consigue cuando respetamos lo que hubo, porque solo gracias a lo que ocurrió y como ocurrió hoy estamos aquí y a partir de aquí algo puede empezar a cambiar".

## II.IV.III. RELACIONES PERSONALES

*Si estás buscando a la persona que va a cambiar tu vida, echa un vistazo al espejo.*
LOUISE HAY.

En el momento que integré esta frase, mi vida dio un giro de ciento ochenta grados. Es más, si solo te quedas con esto de todo el libro, créeme, para mí ya habrá valido la alegría escribirlo, porque **la relación más importante que vas a tener en tu vida es contigo mismo.**

Si cuando te hables a ti mismo lo haces con dulzura, con cariño, y no te dices frases como: "que torpe soy", "soy tonto", "siempre cometo los mismo errores", u otras que utilices y sean despectivas hacia tu persona; si eres coherente contigo mismo, escogiendo lo que piensas, sintiendo en consonancia y actuando en consecuencia; si no te juzgas por errores que has podido cometer porque sabes que **siempre haces las cosas lo mejor que puedes con las herramientas y los conocimientos que tienes**; si, además, disfrutas estando en soledad, te aseguro que no importa con quien te relaciones —pareja, familia o amigos—: vas a sentirte bien.

Cada acción tuya tiene un propósito positivo detrás del propósito aparente. Mira, por equivocada que juzgues en un momento dado una determinada acción, si tiene un resultado que llamas negativo, rectificas para la próxima, es decir, aprendes de ella. En tal caso, ¿de qué sirve que lo plantees en términos de lucha? Si luchas contra ti mismo, ¿quién dirías que sale perdiendo? ¡Tú! Aún en el caso de que logres derrotar a ese *enemigo interior*, lo cierto es que te quedarás con un *perdedor interior*.

---

"Para deshacer un nudo debes saber cómo está hecho".
*Aristóteles.*

---

De manera que todo lo que haces tiene una intención positiva. Una forma sencilla de descubrir cuál es esa intención que se te oculta detrás de cualquiera de tus comportamientos es que te preguntes: ¿para qué?

En cualquier situación, sea la que sea: ¿para qué hago o no hago esto? ¿Para qué no voy? ¿Para qué quiero una casa nueva? ¿Para qué quiero separarme? ¿Para qué aguanto esta situación?

Y con cada respuesta te vuelves a preguntar otra vez **"para qué"** hasta llegar al fondo de la cuestión y, una vez allí, verás las intenciones positivas que sustentan tus pensamientos y acciones. Verás que todo está conectado con tu supervivencia y deseos de ser feliz, aunque condicionado por tus programas que se desarrollan, además, en un contexto social dominado por multitud de creencias. Es un sistema que se retroalimenta hasta que tomas conciencia de ello y puedes cambiarlo o hacer algo al respecto.

Deja que te haga una pregunta: cuando te miras al espejo, ¿estás serio o sonriente?

Eso dice mucho de ti. **Crecemos con una profunda desvalorización** que se expresa en la edad adulta con el olvido de nosotros mismos y con la necesidad de aprobación externa. Esto se palpa en una sociedad donde hay unos pocos que dirigen y una masa desvalorizada, sin confianza en sí misma, que obedece y no se plantea que las cosas puedan ser de otra manera. Hay un jefe y unos empleados, un general y un ejército, un sacerdote y unos fieles, un profesor y unos alumnos. Se trata de obedecer órdenes y respetar unas normas: de comida, de horarios, de salud, de comportamientos, etc. Y se refleja en los juegos, donde los únicos que interesan a la masa son competiciones, ver quién gana. Es un sistema criminal que anula a sus integrantes desde pequeños, hasta el punto de no darnos cuenta de que **lo importante no es ganar a otro, sino superarse uno a sí mismo**. Esta forma de educación prusiana nos prepara para ser mediocres cuando, en realidad, somos excelentes.

Dice mi amiga Gema Bueno que "la desvalorización es un negocio y, como tal, se convierte en una forma de vida, porque mucha gente vive de la desvalorización de otra mucha gente".

Dentro de este contexto y como consecuencia de todo esto que digo, es de vital importancia que aprendas **a sonreírte, amarte y darte aprobación** para que tus cambios se hagan más y más fáciles cada vez y progreses más rápido. También, que te hables con amor, porque tu cerebro y tu corazón emiten ondas que se propagan por todos tus cuerpos (no solo por el físico). Eres energía, tienes una vibración y esta hace que atraigas a tu vida cosas que están en consonancia con la frecuencia en la que vibras.

Algo que realmente me hizo ser consciente de hasta qué punto esto es así y cómo estamos unidos al resto de los seres vivos fue conocer los últimos descubrimientos sobre el corazón.

¿Recuerdas que te he dicho que tu corazón tiene cerebro? Pues resulta que se ha descubierto que además de bombear sangre, tu músculo vital tiene un sistema nervioso independiente que cuenta con más de **cuarenta mil neuronas**, redes neurotransmisoras y células de apoyo. Y gracias a estos circuitos, tu corazón puede tomar decisiones con independencia de tu cerebro; puede incluso aprender y recordar; puede enviar información al cerebro e incluso inhibir o activar determinadas zonas en él según las circunstancias. Influye en tu percepción de la realidad y en tus reacciones.

Además, seguro que sabes que el cerebro tiene un campo magnético, que por eso le afectan las ondas electromagnéticas de los móviles y demás aparatos sin cables. Pues al corazón, también. Y aún más: todos los órganos del cuerpo tienen un campo electromagnético, aunque el del corazón es el más potente. Es cinco mil veces más intenso que el del cerebro y se extiende alrededor del cuerpo entre dos y cuatro metros, es decir, que no solo tú quedas afectado; también **quienes te rodean reciben la información energética de tu corazón.**

También se ha demostrado que **cuando sientes miedo, frustración o estrés, este campo se vuelve caótico**: la frecuencia cardíaca se desordena y emite ondas incoherentes. En cambio, **si las emociones y los pensamientos de la persona son positivos, la frecuencia es armoniosa y emite ondas amplias y regulares**.

El amor del corazón no es una emoción, sino un estado de conciencia inteligente. Está demostrado que cuando un ser humano utiliza el cerebro del corazón crea un estado de coherencia biológico donde todo se armoniza y funciona de manera equilibrada y saludable.

Te estarás preguntando cómo activar el cerebro del corazón, ¿no es así?

Lo cierto es que se logra haciendo cosas de sentido común: liberándote de la idea de que estás separado de los demás porque tienen maneras de ver el mundo distintas, porque votan a partidos distintos o son de un país distinto, cuando detrás de su fachada, de su foto, puedes ver que tienen los mismos temores que tú, los mismos anhelos que tú y que los mueve la misma energía vital que a ti.

Se logra haciendo cosas a pesar de que el miedo dicte lo contrario y exija ponerse a cubierto y no arriesgarse; se logra soltando el deseo de control. Se logra confiando en que hay algo más fuerte, más sabio y mucho más poderoso que lleva la contabilidad de la existencia. **Se logra soltando la necesidad de tener razón.**

Se logra respetando el cuerpo: nutriéndose de forma sana, haciendo ejercicio, descansando. Se logra estando en relación con los demás seres humanos como partículas que somos de un organismo mayor.

A pesar de que hay comportamientos muy arraigados en nosotros porque nos han ayudado a sobrevivir millones de años y que no tienen en cuenta nada de esto, ya podemos ver que en ellos pesa más el peligro que la oportunidad, más lo negativo, más la necesidad de sobrevivir. Esto es porque, cuando nuestro nivel mental era primitivo, lo prioritario era asegurar la vida, preservarla ante un tigre de dientes de sable y no abstraernos en asuntos para los que no estábamos preparados.

Se trata de nuevo de que observes tus pensamientos y emociones sin juzgarlos, aceptándolos e intentando potenciar los que te hacen sentir bien; se trata de que aprendas a confiar en la intuición, de que cultives momentos de silencio o meditación y, algo extraordinariamente beneficioso, de que estés en **contacto con la naturaleza**.

Ten en cuenta que el campo magnético de tu corazón, al ser superior al del cerebro, está conectado con el campo cuántico que todo lo une, lo que te convierte en creador. Y creas porque, como un imán, **emites y atraes aquello que está en consonancia con la vibración de tu campo magnético**. ¡Ni más ni menos!

El biólogo Rupert Sheldrake, en su libro *Una nueva ciencia para la vida*, sugiere que "nuestras mentes se extienden mucho más allá de nuestros cerebros; se expanden a través de campos que nos vinculan con nuestros entornos y a los unos con los otros. [...] la clave está en el 'hábito', a través de los hábitos, los campos morfo-genéticos varían su estructura y promueven cambios estructurales. Si un individuo aprende una habilidad, 'resuena' en el resto, sin importar la distancia".

La vida es una proyección nuestra y los otros son nuestros espejos; significa que de todo lo que nos pasa podemos aprender algo. Date cuenta de que las soluciones a lo que se te plantea, están dentro de ti; de que **no hay nada externo que te pueda hacer sentir bien;** de que tus conflictos se resuelven cuando miras dentro, en plena coherencia con lo que deseas hacer en tu vida. Date cuenta de que **si juzgas, te estás juzgando a ti**; de que **si culpas, te estás culpando a ti**. Todo lo que digas o hagas acerca de los demás, no habla de ellos, habla de ti.

He descubierto que solo hay una cosa que cura todos los problemas y es quererse a uno mismo. Cuando comienzas a amarte a ti mismo, amas la vida cada día un poco más y todo mejora de manera increíble: tu estado de ánimo, tus relaciones, tus circunstancias. Amarse a uno mismo es una aventura maravillosa. Imagínate que todos nos amáramos a nosotros mismos. ¡Qué diferente sería todo!, ¿verdad?

Quiero compartir contigo ocho pasos que aprendí de la grandísima Louise Hay y que me han ayudado mucho a mejorar mi relación conmigo misma:

1. <u>Deja la crítica</u>. Niégate a criticarte a ti mismo y a los demás; no te beneficia. Acéptate tal y como eres. Cuando te haces críticas, tus cambios son negativos. Cuando te apruebas, los cambios son positivos. La vida te trae oportunidades para que evoluciones: aprovéchalas sin juzgarlas.

2. <u>Perdónate</u>. Deja ir el pasado. **Lo hiciste lo mejor que pudiste con la conciencia y el conocimiento que tenías.** Ahora estás creciendo y cambiando, y tienes todo el derecho del mundo a vivir la vida de manera diferente.

3. <u>Sé amable con tu mente</u>. Odiarte, aborrecerte es odiar unos pensamientos que ni siquiera son tuyos. No te odies por tenerlos. Cámbialos de manera suave y progresiva.

4. <u>Felicítate</u>. La felicitación anima a seguir. **Felicítate tanto como sea posible.** Di lo bien que lo estás haciendo con cada pequeña cosa a la que le pongas intención. Encuentra maneras de apoyarte.

5. <u>Cuida tu cuerpo</u>. Aprende sobre nutrición, sobre el ejercicio. **Aprecia y reverencia el templo en el que vives.**

6. <u>Haz un trabajo de espejo</u>. Mírate a los ojos con frecuencia en el espejo. Expresa en voz alta este creciente sentimiento de amor que sientes por ti mismo.

7. <u>Quiérete</u>. Hazlo ahora. No esperes a estar bien o a perder peso, o a conseguir un  trabajo nuevo o una relación nueva. Comienza ahora y hazlo lo mejor que puedas.

8. <u>Diviértete</u>. Encuentra una manera de divertirte con todo lo que haces. **Permítete expresar la alegría de vivir.** Sonríe. Ríe.

---

"Otros pueden caminar contigo pero nadie puede
hacer tu camino por ti. Es tu senda y solo tuya".
*Indios Hopi.*

---

Para terminar, te sugiero un ejercicio:

• Partiendo de la base de que **podemos ser felices por decisión propia**, te invito a que durante una semana decidas ser feliz y cumplas ese propósito. No importa si pierdes el autobús o la cajera del supermercado te contesta de malas formas; recuerda **que eres tú quien decide** cómo te afecta. Así que, durante siete días, sé feliz sin motivos, por decisión, agradece todo lo que tienes y, pase lo que pase, disfruta del momento porque tú lo has decidido y... lo más importante de todo: porque ¡te mereces ser feliz!

**Donde sea que el Universo te haya plantado, florece y se feliz.**

## II.V.  TUS PALABRAS, GESTOS Y PENSAMIENTOS DIRIGEN TU VIDA

*Una forma de locura es seguir haciendo lo mismo*
*pensando que podrá producir un resultado diferente.*
ALBERT EINSTEIN.

¿Qué hacen diferente las personas que tienen éxito y son felices de las que no? Esta fue la pregunta que se hicieron un par de colegas estadounidenses, Richard Bandler —matemático, psicólogo e informático— y John Grinder —psicólogo y lingüista—. Y se dedicaron a estudiar a las personas exitosas hasta desarrollar un método de modelaje de los factores de excelencia y la estructura comunicativa de estas personas. Dicho en claro: vieron cómo se desempeñaban las personas felices y, más específicamente, qué las hacía excelentes. Lo llamaron PNL o Programación Neurolingüística, que se puede definir como el estudio de las vivencias subjetivas para identificar formas de actuar inconscientes —ineficaces— y sustituirlas por patrones de excelencia conscientes y eficaces. Aplicado a ti: **identificas lo que quieres cambiar en tu vida y escoges formas de comportamiento que te ayuden conseguirlo**.

Esto se hace mediante el modelaje, que viene a ser la imitación de las formas de comportamiento de esas personas a las que admiras. Va de copiar a alguien que haya conseguido lo que tú quieres.

La Programación Neurolingüística, aunque tenga un nombre muy largo —razón por la que recurrimos a sus siglas—, no es otra cosa que un método que te permite **actuar, hablar y pensar como tú quieras**. ¿De veras crees que hablas como quieres y que piensas como quieres? ¿No dirías más bien que piensas sin decidir lo que piensas; que, más bien, son los pensamientos los que suceden sin que tú puedas hacer gran cosas? A eso lo llamo pensar *por inercia* y apostaría a que así lo has hecho siempre. Casi con toda seguridad, tu forma de actuar en el presente está programada, aunque no quiere decir que no debas estar orgulloso de ella: gracias a ella has llegado hasta aquí. Pero si ahora quieres llevar tu vida a un siguiente nivel y mejorar en todos los aspectos, te recomendaría que prestaras atención a esa manera de actuar automática y que le sacaras mayor partido. La PNL te ofrece las herramientas necesarias. Te muestra el lenguaje de tu cerebro.

Como en los anteriores capítulos, voy a comenzar por identificar qué es qué para irlo dejando claro:

• **Programación**: se refiere a los programas que utilizas en tu vida para funcionar de manera más efectiva. Estos programas forman tu identidad y pueden venir determinados epigenéticamente —es decir, a través de tus antepasados— o que los hayas adquirido de manera inconsciente a lo largo de tu vida. No será difícil que recuerdes lo que te decían no solo tus padres, sino tus maestros, vecinos y entorno.

• **Neurología**: es la ciencia encargada de estudiar el conjunto de señales del sistema nervioso que activan el funcionamiento de uno u otro programa.

• **Lingüística**: aquí tienes otra ciencia cuyo ámbito es el lenguaje. Como sabes, el lenguaje se desarrolla en la mente, por ello, **lenguaje, pensamiento y realidad son inseparables**. La comunicación sirve para compartir aprendizajes con otros seres humanos y la forma en que tú y cada uno de nosotros se comunica tiene muchos idiomas y formas de expresión. Y pueden ser verbales e incluso no verbales.

La **PNL** te proporciona claves para identificar tus programas inconscientes y que hagas los cambios que modifiquen tus experiencias. De modo que **desarrollas tus potencialidades como ser humano prestando atención a tus propios comportamientos**. He aquí algunos conceptos básicos:

• **Eres un sistema de aprendizaje**: es decir, no puedes no-aprender. Tú mismo estás en constante adquisición de conocimiento. El aprendizaje es un proceso continuo, además, desconoces lo que estás aprendiendo en cada momento, puesto que es tu inconsciente quien lleva a cabo esta tarea.

• **Todo comportamiento es generado por una intención positiva**: siempre escoges la mejor opción disponible dentro de tu mapa mental.

Puedes considerar fracaso no obtener el resultado esperado y caer en la frustración, pero tienes que verlo como un aprendizaje. Cada vez que obtienes un resultado distinto al deseado puedes extraer alguna conclusión sobre lo que no te conviene repetir. Porque no hay fracaso, solo hay retroalimentación; dicho de otro modo: **cada experiencia te deja una enseñanza**.

"Si lo haces y no consigues lo que querías, te queda el
aprendizaje. Si no lo haces, te quedará la frustración".
*Alejandro Jodorowski.*

Está claro que es mejor hacer.

- **El mapa no es el territorio**: todo el tiempo recibes información del exterior y, para estructurarla, tu cerebro organiza los datos que considera esenciales a fin de facilitarte la vida. Así se va formando tu mapa mental: fundado en tus vivencias y aprendizajes. A partir de esa cartografía, tomas decisiones y actúas. Por tanto, **cada persona tiene su propio mapa de la realidad diferente del de otros.** Cada mapa es, además, una simplificación de la realidad, pequeños resúmenes de andar por casa. Por eso tú y yo tenemos visiones diferentes de una misma cosa. Yo lo imagino como si mi cerebro estuviera lleno de bombillas: el noventa y cinco por ciento apagadas y solo un cinco por ciento encendidas. Depende de lo que haya ido aprendiendo se han encendido unas luces u otras. Y todos tenemos puntos de luz diferentes, con lo que no vemos el mismo paisaje. Así, tú ves tú realidad según tu mapa de luces y, de igual modo, yo, la mía.

A veces, estos mapas son tan diferentes que chocan entre sí. No verás igual a un perro si has convivido con uno que si la única vez que te acercaste a uno te mordió. Tú te orientas por tu mapa interno, tu modelo del mundo, y no por el mundo en sí mismo. Aunque coincidas o te juntes con personas que tienen mapas de la realidad parecidos al tuyo, no quiere decir que lo que piensas sea la verdadera realidad. Es como decir que un montón de personas con un pensamiento erróneo no producen una verdad. Haces una lectura de tus experiencias diferente a la mía. Por eso decimos que no existe una verdad indiscutible.

"Todos somos muy ignorantes. Lo que ocurre es
que no todos ignoramos las mismas cosas".
*Albert Einstein.*

De todas formas, quiero señalarte que serás más eficaz si tu mapa te permite percibir mayor número de posibilidades y perspectivas. Tu forma de percibir el mundo, de organizarte y responder ante él será mucho más rica.

A lo largo de tu vida te has acostumbrado a utilizar determinados movimientos, palabras y formas de comportamiento, y esta es tu manera de recibir y expresar tus experiencias. Mira a ver con cuál de estas vías te identificas más:

- **Auditiva:** si recuerdas con más facilidad los sonidos y las palabras.
- **Visual:** si tienes lo que llaman *memoria fotográfica.*
- **Cinestética:** cuando tus representaciones son sensitivas y recuerdas con facilidad texturas, tactos, olores y sabores.

**Así es como guardas y expresas tu información**, aunque seguro que tienes una o dos que son tus favoritas y desde donde te comunicas. Por eso hay personas que recuerdan mejor las caras que los nombres y viceversa.

Y mira qué interesante es esto que sigue:

- **Todo ser humano puede ser modelado:** quiere decir que si identificas tus comportamientos, formas de pensamiento y patrones de lenguaje, puedes adaptarlos de una manera consciente y mejorar cualquiera de las áreas que desees. **Se trata de que observes y repitas la forma de hacer y decir las cosas de la persona a la que quieres emular.** Presta atención al lenguaje, verbal y no verbal: postura del cuerpo, gestos y ademanes, expresiones faciales, ritmo respiratorio, tono y volumen de la voz.

¿Has visto alguna vez a alguien triste que camine con los hombros hacia atrás, la cabeza bien alzada y la mirada alta? ¿O alguien alegre con la cabeza gacha, encorvado y mirando al suelo? Estoy segura de que no; por esto que te va a interesar conocer cómo actúas, modelarte a ti mismo y que no sea todo inconsciente.

¿Recuerdas las neuronas espejo? Son las que te permiten imitar a otros y son, por consiguiente, responsables de los grandes cambios en la humanidad: cuando puedes ponerte en la piel de otro te conectas con tu capacidad de aprender.

- **Posees la fuerza necesaria para conseguir lo que te propongas**: ¿no es fantástico? El problema surge cuando tu autoconfianza se ve afectada por tus creencias limitantes.

Para profundizar en esto voy a dividir este capítulo en tres partes o super poderes:

- El poder de las palabras.
- El poder de los gestos.
- El poder de los pensamientos.


## II.V.I. EL PODER DE LAS PALABRAS

> *La ciencia moderna aún no ha producido un medicamento tranquilizador tan eficaz como lo son unas pocas palabras bondadosas.*
> SIGMUND FREUD.

Todos los organismos incluyendo los humanos se comunican a través de vibraciones, pero aun así el *Homo Sapiens Sapiens* usó la cabeza y desarrolló el lenguaje para comunicarse. Ahí empezó el problema.

La vibración es siempre verdadera, todo tiene una frecuencia, se sea o no consciente de ella, pero en el lenguaje pueden darse equívocos y, desde luego, nunca es inocente: **las palabras tienen carga** y los significados que les atribuimos varían de persona a persona. Igual que, dicen, *somos lo que comemos*, también **somos lo que expresamos**. Por ejemplo: si utilizas a menudo palabras como: *difícil, inseguro, cansado, imposible, triste* o *pobre*, estás poniendo una etiqueta negativa a tus experiencias, aunque no te des cuenta. Si por el contrario, comienzas a usar palabras que sugieren positividad o energía como *seguro, abundante, alegre, fuerte* o *imparable*, podrás notar rápidamente los beneficios.

Las personas que mantienen una larga depresión están obligadas a torturarse continuamente con pensamientos y palabras negativas, desvalorizantes, de miedo al pasado o al futuro. Y hay que ser muy constante en ese tipo de afirmaciones y creencias para mantener un estado depresivo largo tiempo, así como estar muy desconectado del presente y de uno mismo.

Una vez que fui consciente de que **los pensamientos están ligados a las palabras**, comencé a prestarles más atención para empezar a cambiar mi manera de pensar. Aprender a trabajar con las palabras significa adquirir los instrumentos adecuados para motivarte o para emprender acciones —¡y son las acciones las que nos cambian!—. No es lo mismo decir: "estoy procurando hacerlo lo mejor posible" que "estoy persiguiendo la excelencia". La intensidad emocional que crea la segunda expresión es, con diferencia, más eficaz, y conlleva una cantidad de energía que te impulsa, no solo a la acción, sino a dar lo mejor de ti.

Fíjate si tú mismo no utilizas símbolos o imágenes para describir algo utilizando metáforas. Dices "soy feliz como una perdiz", "estoy con el agua al cuello" o "mi cabeza va a estallar". ¡A que sí! ¿Y cuando dices a tu pareja "te quiero un mundo"? Pues igual.

Así que, te presento aspectos del lenguaje a los que sería bueno que prestaras atención cuando hablas:

• **Metáforas:** seguro que en tu vida las utilizas constantemente para especificar cómo te sientes respecto a cualquier situación. ¡Atención! **Detrás de cada metáfora siempre hay un sistema de creencias que la apoya**. Si describes la vida *como un juego* no será igual que si la describes *como una batalla*. La perspectiva cambia considerablemente. Si para ti la vida es un juego, es fácil que percibas los obstáculos como estímulos para seguir adelante e infundirte coraje y determinación hasta alcanzar el objetivo; si la vida es una batalla, probablemente cualquier dificultad la verás como un problema insuperable y te pasarás la vida enfundado en una queja permanente. ¿Te suena?

La partícula *como* es a menudo la palanca que te impulsa al uso de la metáfora. En realidad es una partícula comparativa, pero tu imaginación es capaz de imaginar cosas insospechadas con las que comparar un estado de ánimo. Dices "me siento como un cero a la izquierda", "esto es como coser y cantar", "estoy como una cabra".

• **Los *pero, sin embargo* y otras conjunciones o nexos adversativos tienen el efecto de anular lo que se ha pronunciado previamente**: son una incongruencia en el lenguaje. Algo así como una rebaja... fatal. Y, *sin embargo*, algo se puede hacer...

Fritz Perls llamaba al ***pero* el borrador universal**, porque ejerce el efecto de eliminar las representaciones que hemos estructurado antes del citado *pero*. Por ejemplo: "quiero salir a pasear, **pero** hace mucho frio". Es decir, no salgo.

Observa cómo la palabra *pero* lleva tu atención al hecho de que hace frío y produce un efecto anulador sobre la primera parte de la oración: "quiero salir a pasear". Ahora dilo al revés: "Hace mucho frío, **pero** quiero salir a pasear". En este caso, cambia el énfasis de la frase y, por descontado, el valor del mensaje y de tu intención. Es decir, ¡sales!

Estas simples conexiones del lenguaje pueden minimizar el lado positivo de tus experiencias. Dicho de otra manera: si tienes voluntad de hacer algo, un propósito, según lo expreses, lo llevarás a cabo o no.

Hay otras palabras conectivas como *y* o ***aunque* que no anulan** la frase y te vuelven más consciente de tu voluntad y tu intención. Observa la primera frase al sustituir el *pero* por un *aunque*: "quiero salir a pasear, **aunque** haga mucho frio". ¿Ves la diferencia? Esta estructura permite mantener un centro de atención positivo, es muy poderosa, sobre todo si eres una de esas personas adictas al patrón del "sí, pero..." o del «quiero, pero...".

• <u>**Intentar es mentir:**</u> si te dices a ti mismo *lo intentaré* quiere decir que no tienes una intención formal de hacerlo. Si de veras piensas hacerlo, di: "lo haré"; y si no, di: "no lo haré". **Del dicho al hecho solo hay un pretexto.**

• <u>**Creer que algo es difícil es resistirse al cambio**</u>: creer que algo es difícil es colocar ladrillos para que lo sea.

Hablando con una amiga en el momento de mi separación, me sorprendí diciendo: "quiero ser feliz, pero estoy pasando un momento difícil". Al analizarla, me di cuenta de que en la misma frase había utilizado un *pero* y después la palabra *difícil*. El significado cambiaba por completo. Mi perspectiva de ser feliz se veía devaluada por el peso de la experiencia *difícil,* que sellaba mi realidad de entonces y me impedía imaginarme en un contexto dichoso. Hubiera sido más honesto por mi parte decir: "estoy pasando un momento que no quiero cambiar".

Es de vital importancia la congruencia en tu comunicación, **debes hablar claro para pensar y obrar con claridad.**

Te propongo un ejercicio: escribe dos cosas que crees que *deberías* hacer. Algo del tipo "debería hacer más ejercicio" o "debería empeñarme más en el trabajo":

Ahora observa: ¿por qué no las haces?, ¿qué te lo impide?

- *Debería* **es un engaño**: es como decir "tengo que recoger mi habitación, pero no lo voy a hacer." Si no lo haces es porque no quieres y, para no engañarte a ti mismo, es más coherente que digas eso. La palabra *debería* es lo mismo que utilizar *pero* para tu mente. Si estás acostumbrado a utilizar ambas palabras, significa que tienes la insana costumbre de engañarte a ti mismo.

Ahora cambia la palabra *debería* en tus frases por: *si quiero, puedo*. ¿Te das cuenta de la gran diferencia? **Puedes hacer lo que quieras, todo el poder lo tienes tú.**

Todo esto, para recordarte que la PNL te ayuda a moldearte a ti mismo para conseguir los resultados que desees: es su gran valor. Son **pequeños cambios en el lenguaje que pueden producir cambios verdaderamente significativos en tu vida.** ¿Y sabes por qué? Se trata de cambios neuronales, de **nuevas conexiones** que te ayudan a ser más coherente; a ser más dueño de tu vida y de tus decisiones; a sentirte menos víctima y más merecedor porque entre lo que dices y lo que haces no hay brecha, y porque **tu consciente e inconsciente apuntan en la misma dirección.** Se trata de que identifiques estos hábitos o programas y los amoldes a tu gusto. Cuando tu programación es la correcta, tu mente se encarga de hacer real lo que persigues.

¿Y sabes por qué? Porque **eres energía y atraes lo que proyectas.**

Es tan simple y estás tan acostumbrado a utilizarlo mal que te puede costar observarlo. Ni te preocupes: una vez que comiences es como un juego. Verás como en poco tiempo serás capaz de cambiar la forma de hacerlo.

Hay otras dos palabras que me resulta útil reconocer en mis frases: *quiero* y *necesito*. Mira, escribe tú un par de frases con ellas:

---

Quiero = carencia/Necesito = necesidad

---

La frase "quiero más paz" trasmite que hay falta de paz. Tu cerebro imagina guerra, disturbios, alboroto. Y esto será lo que atraigas. Digamos que te mantendrás, además, en un *quiero* permanente, en un estado anhelante muy poco práctico. *Quiero, quiero, quiero.* Y el Universo te da *quieros.* No te quejes...

Te anticipo algo de lo que te hablaré más adelante con detenimiento: **tu cerebro no reconoce el *no*.**

¿Sabes, además, que tu tonalidad puede determinar que una simple palabra como *hola* signifique un saludo, un reconocimiento, una amenaza o una humillación?

Para terminar, te sugiero un par de ejercicios que te ayudarán a analizar y a hacer de tus palabras un trampolín de bienestar:

• Haz dos listas, una con las palabras que utilizas normalmente cuando te encuentras en dificultades y otra con palabras más potenciantes, las que vas a utilizar a partir de ahora:

- Obsesionado/irritado.
- Destruido/ligeramente cansado.
- Estresado/comprometido.

• Haz una lista de metáforas o comparaciones negativas que utilices a menudo y sustitúyelas por otras mejores. Presta atención cada vez que uses las expresiones **"me siento como"** o **"esto es como"**.

Porque depende solo de ti pensar que la vida no es una guerra, sino una danza, un regalo, una invitación a ver el aspecto favorable de las cosas; en definitiva, un billete para vivir desde una mayor intensidad emocional positiva, desde un optimismo lingüístico que desemboca en un optimismo amplificado.

Elige vivir los próximos treinta días en función tus nuevas metáforas. Tu enfoque en el trabajo y en la vida en general cambiará radicalmente.

## II.V.II. EL PODER DE LOS GESTOS

*En ocasiones un gesto amable tiene*
*más poder que los argumentos.*
Nelson Damian Cabral.

**La mayor parte de la comunicación es no verbal.** Cada uno de tus comportamientos es potencialmente comunicación y la forma en que te comunicas es esencial a la hora de crear tus estructuras mentales. Seguro que más de una vez un gesto o postura ocasionales te han recordado un pensamiento o una emoción de otro momento. Tu expresión externa se produce como consecuencia de tus imágenes mentales, de tu diálogo interno o de las sensaciones que estás teniendo. Así que, si quieres cambiar algo, puedes hacerlo modificando la comunicación contigo mismo. Es un hecho: igual que tus pensamientos tienen un efecto sobre tu cuerpo, así, **tus gestos y posturas repetidos te generan formas de estar, de comportarte, de pensar y modos de ser emocionales.**

Un día me descubrí afirmando fervientemente que mi mayor deseo era que me tocara la lotería, ¡mientras movía la cabeza de un lado a otro! Transmitía de forma verbal que quería ganar la lotería cuando mis gestos decían todo lo contrario. No había congruencia, estaba diciendo a la vez dos cosas opuestas, mi consciente y mi inconsciente no eran coherentes, iban en direcciones contrarias. ¿Qué dirías que ocurre en este tipo de casos?

**La congruencia es un estado de unión entre tu mente y tu cuerpo.** La falta de esta se produce cuando tus conductas, pensamientos, creencias o acciones se contradicen entre sí. Es una lucha interna que no termina porque hay partes en conflicto. No hay energía ni dirección para lograr ese objetivo que deseas. ¿Imaginas un escenario peor para esos intereses que en tan alta estima dices tener?

Tal vez te ha sucedido que has conocido a una persona y sin saber por qué no te ha suscitado confianza. Pues una de las razones por las que has tenido esta sensación es que esa persona dice **una cosa con su lenguaje verbal y otra con su lenguaje corporal.** Entonces, de manera inconsciente, no has sentido confianza porque detectas su incongruencia. Es algo muy sutil que sucede con más frecuencia de la que crees.

Otro ejemplo: tienes una entrevista de trabajo y quieres mostrar seguridad en ti mismo. Para ello te preparas un discurso muy bueno, te vistes de la forma más adecuada, muestras tu mejor sonrisa y lo haces todo con los hombros caídos, la cabeza baja y la mirada esquiva. ¿Qué impresión crees que recibirá tu entrevistador?

Imagina que tu cerebro es una radio: cuando actúas de forma incongruente contigo mismo, lo que escuchas es ruido, hay caos, la energía no tiene dirección, o sí la tiene, pero fluctúa: ahora para acá y al momento siguiente para allá. Hay oposición, desconcierto. En cambio, cuando aprendes a **ser coherente, te permites sintonizar la radio en el canal que deseas** y conseguir lo que persigues. Puedes dirigir tu atención hacia lo que quieras. La PNL vendría a ser un método que te enseña a buscar la frecuencia con la que quieres sintonizarte.

Tus programas inconscientes te hacen seguir un patrón de comunicación que opera sin tu consentimiento y crean una proyección en tu mente que a su vez se proyecta al exterior: es lo que atraes. Funciona así. Si eres capaz de observarlo, puedes moldearlo a tu gusto.

Tal vez te estás preguntando cómo cambiar estos programas o formas de comportamiento tan arraigados. Pues de nuevo tengo buenas noticias: **pequeños cambios en la conducta producen grandes mejoras.** Verás: si te levantas una mañana deprimido o triste y eres capaz de observarte, puedes ajustarte para sentirte mejor.

Solo con cuatro detalles para salir de casa con una actitud distinta: pon atención en ti, **echa los hombros hacia atrás, levanta la cabeza, esboza una sonrisa y respira varias veces profundamente**, llenando por completo los pulmones. Estás oxigenando más tu sangre y, por ende, todas tus células, y enviando mensajes a tu cerebro de que te encuentras en forma, que todo anda bien.

Es simple: **no tienes ni que creer en ello**. En fecha reciente, la psicóloga Amy Cuddy ha demostrado de forma experimental cómo **el lenguaje corporal puede cambiar en tan solo ¡dos minutos! la producción de cortisol por testosterona con el simple hecho de sonreír**, aunque sea fingido, o aunque sea sujetando un bolígrafo con la boca, porque el inconsciente no juzga, ejecuta. Como consecuencia, te empiezas a encontrar mejor. Ponlo a prueba y verás.

Tus estados emocionales son creados por ti mismo; tus pensamientos, comportamientos e incluso posturas acaban determinándolos. Es así: **tus emociones también están vinculadas a tus posturas**: a la manera en que te sientas o estás de pie, a cómo caminas, etc. Observa frente a un espejo qué postura tienes cuando estás alegre o eufórico y la diferencia de cuando estás triste o enfadado. Grande, ¿verdad? Pues no es solo tu apariencia física la que cambia, sino también tu estado mental, tu cerebro.

Una mala postura genera emociones pobres y estados negativos. **Una buena postura produce estados más positivos**. Todos nos ponemos en pésimos estados psicológicos y emocionales a veces. Cuando te des cuenta que te encuentras en ese lugar, cambia tu cuerpo y cambiarás también ese estado de ánimo poco saludable.

Te sugiero un par de ejercicios básicos que te interesa dominar si quieres tener coherencia en tu vida y convertirte tú mismo en alguien coherente a tiempo completo:

- **Asegúrate de que cuando dices algo afirmativo o positivo mueves la cabeza de arriba abajo** —salvo que seas de India, que la balancean de un lado a otro— y solo **cuando dices algo negativo la mueves de un lado a otro**. Asegúrate, como te digo, porque esta es tu programación inconsciente. Parece evidente, lo sé, pero he visto mucha gente diciendo que algo es bonito moviendo la cabeza de un lado a otro. Por costumbre.

- **Practica la escucha activa**: observa a la persona que te habla, sus gestos, el tono de su voz, su congruencia o incongruencia y verás qué divertido. Además es una de las habilidades que todos deberíamos poseer y que raramente ponemos en práctica. Y **no es lo mismo escuchar que oír.**

Puedes llevarlo a cabo en tu día a día: observa el lenguaje corporal, los gestos, las miradas, expresiones y emociones que transmite tu interlocutor.

## II.V.III. EL PODER DE LOS PENSAMIENTOS

> *Los pensamientos que elegimos pensar son los instrumentos*
> *que empleamos para pintar el lienzo de nuestra vida.*
> LOUISE HAY.

El pensamiento es la capacidad que tienen las personas de formar ideas y representaciones de su realidad mental, relacionando unas ideas y conceptos con otros. Es un diálogo interno con uno mismo mediante el que se sacan conclusiones y se forman opiniones.

No se me ocurre nada que ilustre mejor el poder de los pensamientos que las conclusiones del doctor Masaru Emoto, que ha estado llevando a cabo experimentos en todo el mundo sobre el efecto de ideas, palabras y música en moléculas de agua. Este autor se dedica a exponer agua en recipientes rotulados con diferentes palabras, músicas o emociones para después congelarla, examinar las moléculas de su cristalización al microscopio y fotografiar los cristales resultantes.

El agua de montaña, tomada en fuentes y arroyos limpios, forma estructuras cristalinas con patrones fractales bellos y armónicos, en contraste con los cristales deformados y distorsionados que se crean en las muestras de agua polucionada o estancada de las ciudades. Es decir, **dependiendo de donde procede, el agua se congela con una u otra forma**; dependiendo de la música a la que se expongan o las emociones que se le transmitan, cristaliza con una u otra forma, y todas son diferentes. Pensamientos o emociones negativos proyectados sobre agua destilada, al congelarse, forman estructuras caóticas y fragmentadas. Y al contrario: **pensamientos o palabras de amor forman cristales con estructuras perfectas.**

Así como una imagen vale más que mil palabras, lo mejor es que veas las imágenes que están publicadas en su libro *Los mensajes del agua*.

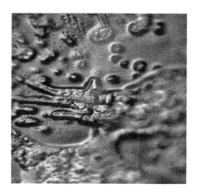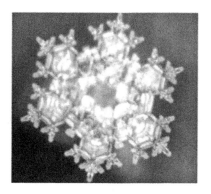

Imágenes: Agua de la presa Fujiwara fotografiada de tras ser expuesta a pensamientos de quinientas personas: pensamientos de odio a la izquierda y de amor a la derecha. Masaru Emoto.

¿Sorprendido del poder de tus pensamientos? Yo me quedé boquiabierta ante este descubrimiento. Masaru Emoto pone de manifiesto cómo **los pensamientos crean patrones cuando los proyectamos sobre una vibración más sutil**, como el agua que se cristaliza expresando la energía que recibe, bien sea por la vibración de un pensamiento o del ambiente.

Me maravilla pensar que el agua, lejos de estar inanimada, está realmente viva y nos responde; reacciona a nuestros pensamientos y emociones. ¿No te hace reflexionar? **Tu cuerpo está formado por un ochenta por ciento de agua**. ¿Crees que tus pensamientos no afectarán a tus moléculas?

Las palabras que piensas o las que dices a otras personas no se quedan en el aire o se las lleva el viento, te influyen a ti en primera persona y también a quien van dirigidos. **Cuando tratas a otros seres vivos o a ti mismo con cariño, hablas con amor y te amas, tu cuerpo responde de igual modo.**

Con esto quiero transmitirte el imponente poder que posees al elegir tus pensamientos e intenciones para influir en tus células y en tu entorno. El doctor Emoto demuestra a través de sus fotos que pensar y sentir afecta a lo que nos rodea y cómo **nuestra coherencia transmite coherencia** y, al contrario, nuestra incoherencia produce cristalizaciones aberradas.

¡El observador influye con sus pensamientos! Y tú eres un observador; eres, de hecho, el principal observador de tus circunstancias.

**Si cambias tus pensamientos, cambian tus emociones profundamente, y cambia tu realidad, la externa y la interna.** Ya lo sabes: cada vez que piensas produces emociones y estas crean la química en la que navegan tus células. Tu cerebro solo libera neuroquímicos en función de tu demanda. Y tu demanda está sujeta a lo que sientes y lo que sientes, a tu manera de percibir.

Hasta tus lágrimas contienen trazas químicas diferentes a las de las lágrimas de alegría. **Somos las únicas criaturas en la superficie de la Tierra capaces de transformar nuestra biología mediante lo que pensamos y lo que sentimos.**

¿Quieres saber cómo está tu cuerpo hoy? Entonces recuerda lo que pensaste y sentiste ayer. ¿Quieres saber cómo estará tu cuerpo mañana? ¡Observa tus pensamientos y emociones hoy!

La enfermedad viene de ti mismo y no te das cuenta. La medicina esta en ti... y no la usas. ¿No es absurdo, disponer de una medicina gratuita y desdeñarla?

---

Tus creencias se convierten en tus pensamientos.
Tus pensamientos se convierten en tus palabras.
Tus palabras se convierten en tus actos.
Tus actos se convierten en tus hábitos.
Tus hábitos se convierten en tus valores.
Tus valores se convierten en tu destino.
*Mahatma Gandhi.*

---

# II.VI. DESCUBRE EL PODER DE TU MENTE

*Podemos ser personas más felices. Podemos sufrir menos*
*si asumimos la responsabilidad de nuestra propia mente.*
RICHIE DAVIDSON**.**

**¿Te ha pasado que cuando oyes hablar del poder de la mente crees que es cosa de monjes** *shaolines*? A mí me pasaba. Siempre he tenido la certeza de que **la mente tiene un potencial ilimitado,** pero no creía que yo pudiera desarrollarlo. Debía tratarse de la mente de otros o de la mente abstracta. Y déjame que te diga que estaba muy equivocada: era otra de mis creencias limitantes.

Aunque solo tenemos algunas piezas del puzle contrastadas científicamente son suficientes para saber que si mantienes una correcta relación entre cuerpo y mente gozarás de salud, bienestar y sabiduría. Lo que te voy a contar en este capítulo no tiene nada de alternativo: son técnicas que se utilizaban hace más de dos mil años y que ahora las avalan investigaciones neurológicas que demuestran que, si desarrollas ciertas capacidades, te cambia el cerebro; regiones que tienen que ver con el aprendizaje y la memoria se ensanchan; se inhiben genes que tienen que ver con procesos inflamatorios y, por tanto, con el cáncer; y se ha comprobado que la densidad y el tamaño del cerebro, que se encoge con los años, deja de hacerlo. **Accedes a la conciencia**, un tipo de inteligencia innata de la que se sabe poco pero cuyo poder y trascendencia se conocen. Y lo mejor de todo es la simplicidad con la que puedes realizar estas técnicas: no requieren dinero ni esfuerzo físico, no importa la edad ni la condición social; solo requieren compromiso contigo mismo y práctica.

## II.VI.I. DISFRUTA AQUÍ Y AHORA

*Date cuenta que el momento presente es lo único que tienes.*
*Haz que el aquí y el ahora sea el principal enfoque de tu vida.*
ECKHART TOLLE.

*Mindfulness* es el nombre moderno de una técnica milenaria de meditación. En castellano se traduce como *atención plena o conciencia plena*. Como su propio nombre indica, no es otra cosa que **atender al instante presente**, sin juzgar; sin dejarte llevar por los pensamientos; **abrazando la realidad del momento.** No es meditar, tal y como lo conocemos, no es necesario hacer retiros, yoga o ser vegetariano. Puedes practicar *mindfulness* mientras comes, atendiendo a la comida, los sabores, olores, texturas, al hecho de la masticación; o mientras paseas, siendo consciente de lo que ves, oyes y sientes. Es cierto que al principio ayuda cerrar los ojos y concentrarse en la respiración, sin embargo, no es un requisito imprescindible. Es una técnica de meditación basada en el cultivo de la atención plena, **un acto de cordura y amor por uno mismo y por el instante que se vive.**

Puede parecer simple o incluso tedioso, sobre todo, en estos tiempos de la historia de la humanidad donde lo último que hacemos es estar en lo que tenemos que estar. Seguro que sabes de lo que hablo: cuando te estás duchando piensas en lo que vas a hacer después; comes mirando la tele o el teléfono; te está hablando un amigo y la cabeza se te ha fugado a lo que vas a cenar o a lo que le dirás a tu pareja al llegar; mientras trabajas piensas en volver a casa; juegas con tu hijo y mentalmente estás en el trabajo; te vas a dormir y das vueltas a la compra que tienes que hacer mañana. Y así **pasan los días, para ti, para mí y para todos: sin darnos cuenta de que estamos viviendo.** Vamos por la vida como pollos sin cabeza, desconectados, y sin vivir el **aquí y ahora que es lo único que existe.** Lo único real.

Te invito a que lo pongas a prueba, verás que es más divertido de lo que parece y que sienta muy bien. Y como anécdota un pelín frívola te diré que es el último grito en lugares como Silicon Valley. Sí, has leído bien, allí ha quedado atrás el sello místico y espiritual de esta técnica tan practicada en oriente. Para los gigantes del norte de California, los conocidos como *unicornios* —empresas que superan el billón de dólares porque sus productos impactan a miles de individuos—, se habla de **neuroplasticidad y entrenamientos cerebrales.**

El retorno en inversión de la meditación se mide en términos de productividad y capacidad innovadora, hecho que ha llevado a los gerentes de empresas como Google, Apple, Target o Goldman Sachs a descubrir el valor de enseñar meditación a sus empleados. Seguro que te suenan nombres como Twitter y Facebook. Pues bien, sus fundadores sostienen sesiones de meditación regulares en horas de oficina y los empleados de Yahoo pueden usar, cuando así lo desean, cuartos privados para prácticas meditativas. Google ha creado el *Search Inside Yourself Institute*, tras el éxito que tuvo entre sus empleados el programa de clases habilitado sobre meditación, inteligencia emocional y neurociencia. De manera que este tipo de prácticas son hoy artículos de primera necesidad en las compañías más relevantes de Silicon Valley; la nueva cafeína, la gasolina que dispara la creatividad y productividad.

Y esto es debido a que se han demostrado beneficios entre sus practicantes:

- Protege el cerebro y mejora la memoria.
- Favorece la creatividad.
- Acrecienta la capacidad de concentración y de atención.
- Mejora las relaciones interpersonales y la comunicación.
- Reduce el estrés y la ansiedad.
- Acaba con los problemas de insomnio.
- Mejora la capacidad de liderazgo.
- Desarrolla la inteligencia emocional.

**El *mindfulness* consigue separarte de tus pensamientos para que puedas reconocerlos**, tomar conciencia de ellos, otorgando un gran peso al *aquí y ahora* mediante una atención total al momento presente. Lo más difícil de entender es que **no hay que hacer nada**. No se trata de intentar cambiar o de eliminar los pensamientos negativos, al contrario, hay que aceptarlos para que no continúen reproduciéndose de forma incesante y tomándonos por títeres. Se trata, en lugar de vivir dormido, de **vivir despierto**. Estar consciente de tus pensamientos y emociones en cada momento. Así aumentas tu conciencia y las mejoras en tu vida vienen solas. **Lo que propone la atención plena no es que cambies tu vida, sino que te enamores de ella.**

Richard Davidson y Jon Kabat-Zinn han demostrado que solo ocho semanas de práctica de atención plena a razón de una hora por día, conducen a un aumento significativo en la activación del lado izquierdo en el cerebro y que dicho aumento se mantiene incluso después de cuatro meses. El hallazgo demuestra que la práctica de *mindfulness* a corto plazo **aumenta significativamente el nivel de felicidad** y hace, a quien lo practica, más resiliente, más capaz de recibir las dificultades de la vida sin perder su equilibrio. Porque está claro que **una mente distraída es una mente infeliz**.

El Budismo parece haber descubierto hace más de 2.500 años la misma verdad que apenas ahora descubre la Física Cuántica. ¿No te parece sorprendente? **Ciencia y espiritualidad están dándose la mano**, no para convertirse ni para conquistarse, sino para aprender la una de la otra, algo que no tiene precedentes.

También se han demostrado los beneficios de esta práctica en niños:
- Desarrollan la capacidad de concentrarse y regular sus emociones.
- Experimentan reducción del estrés y la ansiedad.
- Mejoran su autocontrol, su capacidad para reflexionar y disminuyen sus impulsos.
- Son más conscientes de sí mismos: de su cuerpo, de sus emociones, pensamientos y conducta.
- Aumenta su empatía y mejoran sus relaciones, tanto consigo mismos como con su entorno.
- Obtienen mayor equilibrio emocional y psicológico.

Te propongo un **ejercicio de *mindfulness* que dura solo un minuto** y así podrás probar sus beneficios:
- Pon la alarma o el cronometro del teléfono para que suene en un minuto.
- Siéntate con las piernas descruzadas, las manos sobre los muslos, cierra los ojos y concéntrate en la respiración. Siente cómo se hinchan tus pulmones al inhalar y se deshinchan al exhalar. Si te llegan pensamientos, déjalos pasar como si fueran nubes en un día de viento, no te enganches a ninguno y vuelve a concentrarte en la respiración.
- Si te gusta cómo te sientes después de hacerlo, repítelo todos los días, incluso ve añadiendo minutos. Un minuto al día son más de cuatro horas al año y, aunque te pueda parecer insignificante, tu cerebro lo agradece.

## II.VI.II. VISUALÍZATE MEJOR CADA DÍA

*Lo que piensas lo serás. Lo que sientes lo*
*atraerás. Lo que imagines lo crearás.*
BUDA.

Tus pensamientos, emociones e intenciones *crean* resultados que van construyendo la historia de tu vida. La visualización creativa es generar, a propósito, imágenes mentales, con los ojos abiertos o cerrados y con la intención de experimentar un beneficio fisiológico o psicológico, tales como acelerar la curación de heridas en el cuerpo, minimizar el dolor físico y calmar el dolor psicológico incluyendo la ansiedad, la tristeza y el bajo estado de ánimo. El efecto inmediato es que ganas en autoestima y que la confianza en ti mismo y en tus propias posibilidades se eleva de forma significativa.

El método de la visualización forma parte de las técnicas más populares utilizadas por los deportistas y entrenadores de élite para mejorar el rendimiento, y su uso frecuente es una de las características para alcanzar el éxito. La persona se imagina la forma correcta de ejecutar los movimientos como si se encontrase, de hecho, en el momento decisivo. Incluso hay experimentos recientes de personas que han permanecido durante dos horas diarias en relajación profunda imaginando que hacían algún tipo de ejercicio específico (¡ojo!, que no es meditar, sino ver las imágenes en la mente); por ejemplo, hacer pesas. El resultado es que, al cabo de un tiempo y sin haber tomado una pesa en sus manos jamás y mucho menos haber practicado con ellas, su cuerpo había desarrollado más masa muscular en las zonas implicadas en el ejercicio. ¿No es fabuloso? Se debe a que, como ya te había dicho antes, la ilusión no existe para tu cerebro inconsciente. Para él **lo real, lo simbólico y lo imaginario son lo mismo**. No puede diferenciar algo real de algo virtual. Esto es fácil de comprobar: cierra los ojos e imagina que muerdes un limón y como cae el zumo en tu boca. ¿No has empezado a salivar?

Como sabes, solo conocemos entre un cinco y un diez por ciento de nuestras habilidades mentales y, en torno a este porcentaje, es lo que utilizas de manera consciente. El resto queda fuera de tu control. Lo que a primera vista puede parecer asombroso o imposible para el limitado carácter de la educación que hemos recibido, se hace perfectamente comprensible en cuanto aprendemos a poner en práctica lo que esto supone.

Con la visualización creativa puedes crear una realidad propia, que no has vivido antes. Si visualizas salud, prosperidad, energía o felicidad, es lo que obtendrás. Crearás tu realidad futura. **Lo importante cuando visualizas es** *sentir* que esa realidad, ese objetivo al cual quieres llegar ya está presente, formando parte de tu vida, transformándola. Esta es la clave.

Seguro que te suena el nombre de Nikola Tesla. Gracias a él disfrutamos de inventos como el teléfono móvil, coches eléctricos, radios y una infinidad de cosas que este genio dejó como legado a la humanidad. A pesar de haber muerto hace más de setenta años sus descubrimientos aún son innovadores. Decía literalmente:

"Tengo que agradecer a **la visualización** por todos los acontecimientos de mi vida y mis inventos. Aprendí a usar este poder como **un talento excepcional y un regalo**. También hice las correcciones primero por medio de la imaginación en la mayoría de mis inventos, y los terminaba de esa manera, visualizando. El Universo está vivo en todas sus manifestaciones, como un animal pensante, tal como las plantas, la bestia y el hombre, el Universo tiene una sola sustancia y una energía suprema con un número infinito de las manifestaciones de la vida. Primero fue la energía y esta dio lugar a la materia. Electricidad soy. O luz en la forma humana. El cuerpo del hombre y el cerebro están hechos de una gran cantidad de energía. La humanidad no está preparada para lo grande y bueno de la energía mental positiva. Lo que estoy tratando de demostrar es salvaje y casi inaccesible. Es lo que hay que hacer para que cada ser nazca como Cristo, Buda o Zaratustra".

En muchas ocasiones lo tomaron por loco, por el simple hecho de que sus razonamientos estaban adelantados a la mentalidad de su época. Igual le pasó a Galileo Galilei por decir en su momento que la tierra era redonda y atentar contra las creencias de la mayoría. En este caso, lo que Tesla quiere decir con que cada ser humano nazca como Cristo, Buda o Zaratustra es que **todos tenemos innato ese poder creador** de sanación y de paz dentro de cada uno. Y lo mejor de todo es que estas teorías *locas* se están demostrando ya desde perspectivas científicas.

Alguien dijo que las grandes almas siempre se han encontrado con una oposición violenta de las mentes mediocres.

Hoy se sabe que hay una frecuencia cerebral concreta específica para autoprogramarte. Se llama Alfa y se consigue con simples ejercicios de relajación. Desde esta frecuencia **la visualización creativa tiene efectos poderosos** que juegan en tu beneficio. Desde ahí consigues mejoras personales en cualquier aspecto de tu vida. De paso, y como consecuencia que se desprende de manera natural, permanecer en estado Alfa te ayuda a mejorar el descanso, el rendimiento intelectual, la concentración, a potenciar la imaginación y la creatividad, y, en definitiva, a mejorar la salud y la autoestima.

Cuando utilizas la visualización creativa, pasas a ser creador de tu vida. Porque **materializas todo lo que visualizas, bien sea algo que quieras o que no**. Tú solo pones la intención. Cada pensamiento que tienes y cada palabra que dices se encargan de crear tu realidad con su vibración. Es simple, aunque no sea fácil de aceptar o comprender. ¡Creas tu vida!

Científicos como Gregg Braden aseguran que **lo que pensamos, sentimos y emocionalmente expresamos se manifiesta en nuestro Universo**. Afirman que lo que percibimos no es la realidad, sino la proyección de nuestra conciencia. Es un cambio de paradigma que abre posibilidades insospechadas hasta ahora, solo intuidas, si acaso, por un número muy reducido de personas.

Aunque no lo sepas, utilizas la visualización inconsciente muy a menudo porque los recuerdos son también una forma de visualización. Al recordar, imaginas una situación, vuelves a *verla* y a sentirla como en el momento en que tuvo lugar.

El cerebro también es capaz de crear otro tipo de imágenes mentales, además de las imágenes visuales, simulando o recreando experiencias perceptivas a través de tus otros sentidos (oído, olfato, gusto y tacto). ¡Todo un campo de posibilidades se abre ante ti!

Para realizar una visualización adecuada es importante **una buena estrategia**. Voy a compartir contigo los trucos que he ido aprendiendo:

1. **<u>Tu cerebro no reconoce el *NO*</u>:** como sabes, el inconsciente es inocente, como un niño, no juzga. Si cuando hablas dices "no quiero ser pobre", lo que estás imaginando o recreando de alguna manera es cierta estampa de pobreza y será lo que atraigas; al tiempo que

lo verbalizas, tu cerebro emite ondas de pobreza. Por el contrario, si dices "soy rico", imagina riqueza y te va colocando en la línea de conseguirla. **Enfoca tu atención en lo que va a llegar** y evita lo que no quieres que llegue.

La madre Teresa de Calcuta, ya conocía este principio, cuando decía: "No me invitéis a manifestaciones en contra de la guerra, yo solo iré si son a favor de la paz".

> "Las leyes que rigen el cosmos no pueden procesar 'no quiero esto' porque **fuimos diseñados para desear, creer y crear**".
> *Raimón Samsó.*

2. **Claridad y emoción:** Lo más importante es una visión clara de lo que quieres conseguir y una emoción pareja. Visualiza, con emoción incluida, lo que quieres en lo más profundo de ti, puesto que es a lo que le sumarás la emoción adecuada. Si lo que quieres es perder peso, imagínate a ti mismo con tu cuerpo ideal, sintiéndote ágil y en forma. Siente que ya es así.

Todo lo que se manifiesta en el mundo se activa antes en la imaginación. Es importante que imagines ese deseo cumplido porque **es preciso creerlo para verlo**. Y no al revés, como nos han enseñado.

En la Biblia ya se hacía referencia a esto:

> "Cualquiera que sea tu deseo, cuando oras, cree que ya lo has recibido, y lo tendrás".
> *Marcos 11:24.*

3. **Ley de la atracción:** el sistema de activación reticular de tu cerebro te muestra aquello a lo que le prestas atención, ya sea *bueno o malo*. Si lo observas, continuamente lo atraes. **Enfocarse es poder.**

Si hay algo que deseas y de lo que careces, el primer paso para atraerlo es que concentres emociones y pensamientos en ello. Si no te tomas antes el tiempo necesario para alinear estos dos factores, será necesaria mucha más acción. Con esto no quiero decir que solo pensando que vas a tener un coche nuevo lo vayas a tener; ni que por pensar que te van a ascender en el trabajo sucederá de inmediato. Pero si crees que no es posible tener ese coche, ese ascenso, o esa vida tan satisfactoria, ¿adivinas qué atraerás con la ley de la atracción? ¡Exactamente!: nada de lo que deseabas.

La ley de la atracción opera incluso a la inversa: si hay algo que deseas y pones tu atención en el hecho de que no lo tienes, la Ley de la Atracción continuará respondiendo al hecho de que eso es así.

**Preocuparse es utilizar la imaginación para crear algo que no deseas**. Todos tenemos un poder mágico y lo podemos hacer aflorar. Somos energía y atraemos lo que proyectamos, ni más ni menos.

La fórmula es:

---

**Atracción = Pensamientos & Emociones + Coherencia + Constancia**

---

Hay una frase de Henry Ford que siempre tengo presente:

---

"Tanto si crees que puedes como si no, estás en lo cierto".
*Henry Ford.*

---

## II.VI.III. GRATITUD ES LA SONRISA DEL CORAZÓN

> *Hay muchos estudios que demuestran que la gente agradecida es más feliz porque en vez de preocuparse por las cosas que le faltan, agradece lo que tiene.*
> DAN BUETTNER.

¿Te sientes bien de salud? ¿Tienes agua suficiente para beber, cocinar y asearte hoy? ¿Has comido o puedes comer si estas hambriento? ¿Tienes luz en casa? ¿Ropa para vestirte? ¿El dinero necesario para comprar lo que puedas necesitar ahora mismo? ¿Cuentas con familia y amigos? Si has respondido afirmativamente a la mayoría de estas preguntas, ¡enhorabuena! **Eres privilegiado. Agradécelo y sonríe.**

Viví durante cuatro meses en India, un país inolvidable en el que aprendí mucho. Lo más importante de todo fue reconocer la gran suerte que tengo de contar con todas estas cosas que encontraba *normales* y que daba por hecho que todo el mundo tenía. Allí fui consciente de que solo un pequeño porcentaje de la población puede beneficiarse de ellas; para el resto, son lujos que celebran por todo lo alto cuando se les presenta la oportunidad de disfrutarlo.

Esta toma de conciencia me impulsó a ser más agradecida y, como consecuencia, más optimista. Este ánimo positivo me ha ayudado a avanzar más rápido hacia mis objetivos y, con el tiempo, he ido descubriendo que eso se debe a que **las personas optimistas son más realistas** porque confían más en encontrar soluciones, cosa que les hace perseverar, mantener el equilibrio emocional y enfrentarse mejor a las situaciones. Esto es así porque antes de tomar una decisión valoran los aspectos positivos y negativos de lo que pueda pasar. En el otro extremo, los pesimistas se limitan a ver solo la parte negra y eso les paraliza o les hace avanzar muy despacio.

**La gratitud es uno de los sentimientos más poderosos** que puedes usar para atraer abundancia y bienestar a tu vida. Sin importar quien seas o donde estés, la gratitud tiene el poder de eliminar todo tipo de negatividad. Expresa humildad y comprensión.

Cuando expresas gratitud tus pensamientos son positivos y eso hace que sientas emociones positivas. Cuando estás agradeciendo, no hay lugar para las quejas, los lamentos, la frustración, el rencor o la tristeza. La gratitud atrae gratitud y, mientras te sientas agradecido, estarás atrayendo poderosamente energías similares a tu vida.

Quiero compartir contigo el ejemplo del escritor Neal Donald Walsh, un hombre que se arruinó y vivió en la calle durante mucho tiempo. Hoy es millonario por ser el autor de libros tan famosos como *Conversaciones con Dios*. Afirma que todo cambió cuando comenzó a ser agradecido con lo poco que tenía. Dice:

"Todo empieza y termina por una sola palabra: **GRATITUD**. Cuando usamos esta poderosa energía, se transforma nuestra vida por completo".
*Neal Donald Walsh.*

En el Tíbet las oraciones no son de súplica, sino de gratitud. Cuando el poder de la gratitud y el agradecimiento se convierten en una forma de vida, toda abundancia material y espiritual vibran al unísono.

Desde mi experiencia, cuanto más tiempo soy consciente y agradezco el momento presente, el *ahora*, más feliz y en abundancia me siento. Te invito a que te pares a observar este momento, este *ahora*, mientras estás leyendo. Es muy probable que goces de buena salud, que tengas agua y comida de sobra, que lleves ropa y zapatos, que disfrutes de una casa y una cama, que tengas dinero; seguro, también, que tienes un teléfono móvil y lo más importante, personas a quienes poder llamar. Pues siéntete muy agradecido porque **la abundancia está manifestándose en tu vida**. Es un momento perfecto para ti y es de agradecer, merece que sonrías: a la vida y a ti mismo, aunque solo sea porque ya sabes que aquello con lo que vibras atraes y para seguir atrayendo más de lo mismo.

**La gratitud da paso a la felicidad y la felicidad es causa éxito.**

Está demostrado que **cuando sientes gratitud el miedo desaparece y la abundancia ocupa su lugar**. Comparto contigo uno de mis ejercicios diarios favoritos. Puedes practicarlo mientras te duchas, yendo a trabajar, desayunando o al abrir los ojos por la mañana:

• Comienza por agradecer un mínimo de tres cosas cada día, las que quieras. Después, por cada día que pase vas añadiendo una cosa más. Al principio, tal vez no se te ocurran muchas cosas, pero verás que con la práctica te asaltan miles cada vez que el sol cruza el cielo.

Solo con esto puedes cambiar tu día por completo. Aun cuando el día sea el mismo, cambiarás tu forma de percibirlo. **La felicidad se instalará de manera natural en cada cosa que hagas.**

### Un cuento chino

Dos leñadores se presentaron a una oferta de empleo en un bosque. Viendo que ambos tenían gran motivación y energía, el encargado les dio un hacha a cada uno y les mandó a cortar árboles durante tres días para ver cuál de los dos era más eficiente.

Cuando acabó el primer día, el leñador más corpulento había conseguido cortar diez árboles más que el otro. El primero había observado que su compañero había hecho dos paradas durante la jornada, un tiempo que él aprovechó para seguir cortando y así ganar ventaja.

El hombre era muy trabajador y quería demostrar que podía hacerlo todavía mejor, de manera que al día siguiente salió a batir su récord. Sin embargo, al finalizar el día, el otro leñador le había igualado en la tala de árboles, cosa que no comprendía porque lo había visto hacer de nuevo dos paradas, como el día anterior. En cambio, él continuó cortando y cortando sin descanso y a pesar del gran esfuerzo.

Al día siguiente, el leñador más corpulento se esforzó aún más por superarse, pero pese a gastar toda su energía, solo pudo cortar quince troncos. En cambio el compañero le había doblado en número de talas, a pesar incluso de las dos paradas habituales.

No entendía nada y decidió preguntarle cómo era posible que con descansos y todo lo hubiera superado. El otro respondió:

— ¡Yo paro a afilar el hacha!

Moraleja: Párate a afilar el hacha.

Todo lo que has leído en este capítulo sobre *mindfulness*, visualización y gratitud, tal vez te parezca una pérdida de tiempo en tu ajetreada vida, pero créeme, si lo haces, avanzarás más rápido y sin tanto esfuerzo.

# III. TU MISIÓN ES TU PASIÓN

*Tienes que cambiar de mentalidad no de comportamiento.*
*Eres demasiado tolerante con las divagaciones de tu mente.*
Un curso de milagros.

## III.I. LA CLAVE DEL ÉXITO

¿Te apasiona lo que haces? ¿Te levantas por la mañana pensando: "¡qué bien, un día más para...!"? Si es así, ¡enhorabuena! Perteneces a una minoría muy privilegiada de la humanidad que vive realizando su propósito de vida, su pasión. Si no es tu caso, te va a interesar lo que viene a continuación.

Para empezar, ¿sabrías decir qué es para ti el éxito? Hay quien piensa que es ser rico, tener un coche muy caro o una mansión por casa; otros piensan que es ser conocido en el mundo de la prensa rosa o amarilla. Sin embargo, el éxito es diferente para cada persona. A los dos años, tener éxito puede ser no hacerse pis encima; a los quince, tener muchos amigos; a los veinte, tener el carné de conducir; y así, en cada etapa de la vida.

La RAE define éxito: Resultado feliz de un negocio, actuación, etc.

Yo creo que es algo muy relativo. Para mí el verdadero éxito es vivir día a día con pasión, con alegría e ilusión. Y eso lo consigues si te sientes realizado y desarrollas tus habilidades, si dedicas gran parte del tiempo a hacer cosas que te gustan, eso en lo que se te pasa el tiempo volando, tu *hobby*. Alguien apasionado por los zapatos será una persona de éxito si se gana el pan haciendo, diseñando o vendiendo zapatos.

Por el contrario, si trabajas en cualquier cosa solo para pagar las facturas, estás vendiendo tu tiempo, que es lo único que no se puede recuperar, y, por ende, tu vida, tu felicidad y la de tu familia. Estás hipotecando un tercio de tu vida haciendo algo que no te gusta y eso te producirá sufrimiento que compartirás con los que te rodean, ya que, tanto las actitudes como los estados de ánimo, resultan contagiosos y, más aún, cuando permanecemos expuestos a ellos durante mucho tiempo. Gran parte de la responsabilidad depende de nuevo de nuestras amigas, las neuronas espejo, fundamentales para poder ponernos en el lugar de los demás. Esto, sin duda, es positivo, pero tiene también un impacto negativo, porque podemos propagar fácilmente la negatividad a quienes nos rodean o contagiarnos de ella.

Fíjate hasta qué punto esto es así que, en el departamento de psicología de la Universidad de Harvard, han demostrado que existe un *patrón de propagación*, como si se tratara de virus. Aunque hay que señalar que la tristeza se contagia con mayor facilidad que la felicidad. En otras palabras, si eres feliz, aumentas las posibilidades de hacer felices a otros en un once por ciento, pero tu tristeza, mal humor y hostilidad se propagan a la velocidad del rayo y eres capaz de duplicar en otros las posibilidades de ser infelices.

Incluso si no lo quieres, los estados de ánimo de otras personas acaban afectando a tus emociones y actitudes. Estar constantemente expuesto al mal humor y la negatividad termina, tarde o temprano, pasándote factura. Por esto es de vital importancia que vigiles tus compañías y dediques tiempo a realizarte como persona, a disfrutar con cada cosa que haces por minúscula que sea. De tu coeficiente de optimismo va a depender tu actitud, la manera en la que te enfrentas a la vida: es un factor que multiplica en la ecuación.

Para que lo entiendas mejor, comparto contigo la fórmula que ofrece Alejandro Román Leis:

**Éxito = (Conocimiento + experiencia) x Actitud**

El conocimiento se adquiere mediante el interés y la curiosidad; la experiencia, con el tiempo. Sin embargo, **la actitud solo depende de ti** y puede multiplicar de forma exponencial tus resultados. Todo suma y la actitud multiplica. En todos los aspectos de tu vida, porque de tu actitud, como ya intuyes, va a depender buena parte de ese éxito que anhelas.

$$E = (C + e) \times A$$

Permite que te cuente un ejemplo de **la importancia de tener una actitud positiva**: en la Nasa, los procesos de reclutamiento de astronautas son los más duros y exigentes del mundo, puesto que son todos ingenieros y científicos del más alto nivel. Para elegir a unos o a otros se basan en el coeficiente de optimismo. ¿Te imaginas por qué? ¿Te imaginas en la Estación Espacial Internacional, en una misión de un mes y con una persona que está diciendo todo el tiempo: "creo que algo no va bien, he oído un ruido, esto se va a caer, por qué acepté esta misión…"?

Muchas personas piensan que la felicidad proviene del éxito, de la acumulación de riqueza, de tener salud o relaciones duraderas. Seguro que te suenan frases como: *seré feliz cuando tenga un coche nuevo, una casa más grande, la pareja ideal, cuando adelgace, cuando tenga hijos, cuando me jubile,* etc. Pues bien: todas estas cosas no te garantizan ser feliz. Son solo otras creencias que, además de no ser realistas, te lastran: una hermosa casa, una carrera, un ascenso o un gran amor nunca fueron sinónimos de una vida feliz, sino señuelos de quienes han tenido y tienen algo que venderte. Tú mismo puedes ver que hay cantidad de personas que tienen todo esto y que, sin embargo, no parecen felices. Y eso que decir felicidad tampoco es decir ausencia de problemas, sino habilidad para tratar y aprender de ellos y con ellos. ¡Esa y no otra es la clave! **La realidad plantea desafíos** a unos y a otros, aunque sean de distinta índole, y de la capacidad de afrontarlos y ofrecerles respuesta depende en buena medida eso que llamamos felicidad. ¡Que no te cuenten milongas!

Profesores de la universidad de Illinois y de Pensilvania dicen haber descubierto la fórmula de la felicidad. Según estos expertos la felicidad es:

---
**FELICIDAD = genes + condiciones de vida + actividades**
---

- **La genética (40 %):** si tu ADN está predispuesto a ser infeliz, y en tu crecimiento se potencia, tu mente desarrollará un mecanismo que te hará ver en cada situación un problema, cosa que te hará aún más infeliz. Al contrario, si desde pequeño te enseñan a interpretar la vida de manera constructiva, **verás los problemas como oportunidades y vivirás más momentos de felicidad.**

Pero tengo buenas noticias: esto no es algo que te etiquete para siempre. Como ya te conté en el primer capítulo, puedes convertir tus creencias limitantes del tipo "soy desgraciado" o "todos están en mi contra" en creencias potenciadoras, con pensamientos positivos y reales del tipo "quizás en el pasado he sido víctima, pero esto no quiere decir que lo vaya a ser siempre".

**Si en una situación de incertidumbre o miedo confías en ti mismo** y en que aparecerá la solución, se empiezan a activar genes rápidos, se disparan nuevas conexiones neuronales en menos de cuatro horas y proliferan compartiendo más información. En síntesis: **te vuelves más inteligente**; además, empiezas a generar dopamina (hormona que te hace sentir confiado), **aprendes más deprisa y piensas con más claridad**, por lo que **tomas mejores decisiones y eres más creativo.** Por eso es tan importante salir de la zona de confort, tener confianza y valor, porque es ahí cuando afloran tus talentos, cuando se despiertan energías dormidas y descubres la grandeza que hay dentro de ti.

Debes poseer la convicción interna de que se puede encontrar la respuesta y seguir adelante.

---

"Confiar en ti no garantiza el éxito, pero
no hacerlo garantiza el fracaso".
*Albert Bandaura.*

---

• **Condiciones de vida (10 %):** todos queremos mejorar la calidad de nuestra vida y damos por sentado que mejorar las condiciones en términos de bienestar y riqueza nos hará felices. Sin embargo, una vez que se cumplen las necesidades primarias, las personas obtienen una felicidad solo temporal. **Conseguir cosas solo nos hace felices un tiempo limitado.**

Imagina que compras el coche de tus sueños. Al principio te hará feliz, muy feliz, pero después de un tiempo te acostumbrarás a llevar el *coche deseado* y pronto volverás al estado en el que estabas antes. No dura mucho porque pasa a ser un hábito vinculado a los aspectos materiales de la vida.

Estudios realizados sobre ganadores de la lotería confirman que después de la alegría y felicidad inicial regresan al estado emocional en el que estaban antes de ganar, y pasados cinco años, en muchos casos, han visto empeorar su propia condición.

• <u>**Las actividades voluntarias (50 %):**</u> no son otra cosa que la actitud de la que te hablaba: lo que piensas y haces cada día. Tú eliges qué hacer: cosas que te enriquecen, te motivan y te hacen sentir vivo o cosas que te debilitan. Por lo tanto la felicidad es tu elección… ¿Te sorprende? **Eres tu quien elige ser feliz.**

<u>En resumen</u>:

**FELICIDAD = G (40 %) + CV (10 %) + A (50 %)**

En realidad éxito, riqueza, salud o buenas relaciones son consecuencia de la felicidad, no causa. Es decir, la felicidad produce éxito y no al revés como has podido creer hasta ahora.

**¡LA CLAVE DEL ÉXITO ES SER FELIZ!**

# III.II. TU MISIÓN ES TU PASIÓN

*El secreto de la felicidad está en ver las maravillas del mundo, pero sin olvidarte de tu misión y tu objetivo.*
PAULO COELHO.

Cuando somos niños, nos guía la pasión por vivir. Nacemos sin dudas, sin miedos, inocentes. Llegamos llenos de curiosidad y dotados de las emociones que nos ayudan a conectar con los demás, a descubrir el mundo y a conseguir lo que nos proponemos. Hace poco leí que un niño de cuatro años hace una media de cuatrocientas treinta y siete preguntas al día. **Somos pequeños exploradores desinhibidos y sin miedo a equivocarnos**, pero poco a poco se nos coarta. ¿Qué nos pasa?

En muchos casos, las viejas creencias del entorno se van apoderando de nuestras mentes y terminamos por sentirnos perdidos, desubicados y sin un objetivo concreto. Y una de las razones por las que seguimos dando vueltas sin rumbo es que todavía estamos tratando de gestionar nuestras vidas adultas con las mismas convicciones obsoletas que nuestros abuelos usaban hace décadas. **Creemos que somos mediocres cuando somos excelentes**.

**Romper viejas creencias te permite liberar todo ese talento que llevas contigo.** La falta de autoestima revela un profundo desconocimiento de ti mismo y un apego exacerbado a tu yo inventado y defectuoso. Los temores y limitaciones más grandes son los que te marcas a ti mismo. Tienes mucho que ofrecer dentro de ti, pero es como si tuvieras invertido un capital que no te renta.

El principal problema es que no tenemos claro lo que queremos en la vida. La mayoría de las personas saben que quieren ser felices. Y ya. Pero como ya sabes que no existe una sola forma, cada uno es feliz a su manera. Tú tienes que saber cuál es la tuya, qué objetivo persigues. Además, es fundamental que seas concreto. Eso de *ser feliz* es algo tan vago que tu cerebro no es capaz de ponerse en marcha.

**¿Qué es lo que realmente deseas?** Puede que no desees por miedo a que no se cumpla, pero si no deseas, aún es más difícil que se cumpla...

nada. Porque, al fin y al cabo, todos tus deseos son realidades invisibles, de manera que si algo no está ocurriendo, tú eres un obstáculo importante.

Decía Mark Twain que ayudar a una persona a conseguir lo que quiere puede ser fácil, pero el problema es que **en este mundo casi nadie sabe lo que quiere exactamente**.

Cada uno en la vida tiene un propósito —una misión—, así como cada órgano de tu cuerpo tiene una función determinada. El hígado no puede desempeñar las funciones del corazón, porque cada uno ha sido creado con un objetivo concreto, diferenciado; ni todas las células pueden ser neuronas, porque el cuerpo no existiría, ni todos los microorganismos ser solo buenos o solo malos, porque se rompería el necesario equilibrio. Así que, si cada célula de tu cuerpo tiene una función, ¿cómo vas a ser tú menos? ¿O acaso crees que has nacido sin un propósito y que estás aquí por casualidad?

> "Ni las coincidencias ni las casualidades son posibles en el Universo. Todo en la tierra tiene un propósito, cada dolencia una forma de cura y cada persona una misión que cumplir en la existencia".
> *Un curso de milagros.*

Es cierto que como individuos nos comportamos de una forma muy loca. Sin ser conscientes de que eso que nos gusta, que nos apasiona incluso, es, en realidad, nuestra misión en la vida y que, si vivimos desempeñándola, seremos felices y haremos felices a los demás.

En mi caso, ante un suceso cualquiera, percibía los hechos, los achacaba a la mala o buena suerte, creía que era víctima de las circunstancias, no me responsabilizaba de mi vida. Sentía como si estuviera controlada por los acontecimientos externos. Hasta que en un momento dado me dije: "Yo puedo hacer mucho más, mental, emocional y físicamente" y tomé la decisión de cambiar todos los aspectos de mi personalidad que fueran necesarios para mejorar en todos los ámbitos. Y esto ha desencadenado una serie de circunstancias que están modificando mi existencia de un modo que nunca hubiera imaginado.

¿Quieres saber cuál fue el primer paso que di? Sustituir mi discurso interno y hacer consciente una frase de Bill Harvey: "**No eres la charla**

**que oyes dentro de tu cabeza**... Eres el Ser que oye esa charla...". Me la fui repitiendo a mí misma como un mantra. Luego vino todo lo demás.

Con pequeñas variaciones en tus hábitos puedes llegar a conseguir lo que te propongas.

Si crees que las pequeñas acciones no tienen repercusión alguna en tu vida o en la vida de la humanidad, te invito a recordar la teoría del caos, que demuestra que el simple aleteo de una mariposa en Hong Kong puede desatar una tempestad en Nueva York. Cambios que en apariencia son minúsculos pueden conducir a consecuencias totalmente divergentes e inesperadas. Una pequeña perturbación inicial, mediante un proceso de amplificación, es capaz de generar un efecto considerable a medio y corto plazo.

> "La palabra es vibración y el mundo es vibratorio. ¡Eres la persona con quien más hablarás en tu vida! Pon especial atención a lo que te cuentas en el silencio de tu mente porque la Ley de la Palabra es implacable: lo que dices crea forma. Introduce palabras positivas que antes no usabas y empezarán a pasar cosas que antes no pasaban".
> *Raimon Samsó.*

Para cambiar un comportamiento, no basta con comprenderlo —esto solo sirve en un primer momento—, sino que debes reparar en él una y otra vez, darte cuenta de él y sustituirlo por un hábito o comportamiento nuevo. Y repetir ese nuevo un número suficiente de veces (veintidós, dicen los más optimistas; sesenta y dos, quienes se consideran más realistas). Esto dará lugar a que, en un momento dado, veas que has abandonado el comportamiento que te perjudicaba y has hecho tuyo el nuevo.

Recuerda que todos los libros que leas, si los lees con la actitud adecuada, te ayudarán de una u otra forma a comprender teorías y acumular conocimientos, pero, si quieres **pasar tu vida a un siguiente nivel,** solo existe una ayuda efectiva: la tuya, tu acción. Puedes ir al mejor psicólogo del mundo, que si no te implicas y cambias, el resultado será el fracaso; fracaso entendido como inacción, como falta de compromiso por tu parte.

Sin embargo, el cambio está mal visto, cuesta, genera resistencias. Todo el mundo quiere ser como ha sido siempre, conservar el cuerpo que tenía antes, que el *statu quo* no se mueva demasiado y, aunque la mayoría sostiene que quiere mejorar su vida, nadie desea cambiar por sí mismo, comprometiéndose, sino que prefiere más bien esperar a que sea el mundo el que cambie... a su favor.

"No es el cambio lo que produce dolor, sino la resistencia a él".
*Buda.*

Recuerda: la opción de cambiar siempre espera. **Tienes todos los recursos que necesitas para llevar a cabo los cambios que te propongas.** Quien no cambia es porque no quiere y se pone excusas: la edad, los hijos, la formación, el idioma, las circunstancias, etc.

También existe la posibilidad, si quieres cambiar y no lo haces, de que sea porque no has sufrido lo suficiente. Sí, has entendido bien. Si la vivencia es dolorosa y sigues sin cambiar nada, quiere decir que aún aguantas. Cuando llegue el día en que decidas que ya has sufrido bastante y que ya no más, empezarás a cambiar. Quizá entonces sigas adelante. Si es así, poco a poco, te reinventarás y dejarás de ser el de siempre para ser tu mejor versión.

Por otro lado, todos sabemos lo que tenemos que hacer, solo que no hacemos lo que sabemos, y es perjudicial no solo por dejar de hacer algo que sería bueno en sí mismo, sino por el mero hecho de la inacción, de no sacar a pasear los talentos, cosa que nos frustra todavía más.

"Las personas prefieren renunciar a su magia viviendo vidas condicionadas por un nivel de conciencia muy básico. Viven como un mago que ha olvidado su magia. Aún sigues siendo mago".
*Raimon Samsó.*

¿Dónde está tu magia? Te lo diré yo: en desarrollar tu pasión, que es lo que te da la fuerza. *Déjame decirte que hay un común denominador en todos los genios:* **hacen lo que más les gusta** y lo hacen al máximo de sus capacidades. Ya lo decía Einstein: "**Todos somos unos genios.** Pero si juzgas a un pez por su habilidad de escalar un árbol, vivirá su vida entera creyendo que es estúpido".

**Hay algo en lo que eres un genio,** de manera que si no lo has descubierto, ve a por ello, porque lo que quieres te quiere y está buscando el modo de llegar a ti. Y cuando así sea vivirás en coherencia, con pasión y más seguro de ti mismo. Entonces el éxito será inevitable.

Para mí, el secreto de la vida es el mejoramiento personal. **Progresar me hace feliz, y no solo a mí: nos hace felices a todos.** Piensa en los niños: les encanta descubrir cosas nuevas, aprender, y, cuando ya las conocen, se aburren y necesitan encontrar otras. Pues en el mundo de los adultos es igual: para no aburrirte, necesitas estímulos y avanzar, si no, te estancas. Por esto la masa no se siente realizada, porque se queda dentro de esa mal llamada zona de confort, ese minúsculo territorio conocido que le parece confortable cuando, en realidad, solo le ofrece una vida amputada, mediocre y repitiendo siempre lo mismo. **Y sin evolución y pasión es muy difícil ser feliz.**

Te digo más: **si no eres una persona feliz, estás a merced de la publicidad**, las modas y la televisión. Porque si te detienes a ver la publicidad con otro prisma, verás que lo que te venden es felicidad: "Si te pones estás zapatillas, esta mascarilla en el pelo; si comes estos cereales o bebes esto; si conduces este coche o compras en nuestro super, serás más feliz". Y nos volvemos locos por hacer lo que dicen para conseguir lo que prometen, aunque no sean más que sucedáneos.

---

"La vida es como montar en bicicleta. Si quieres
mantener el equilibrio, no puedes parar".
*Albert Einstein.*

---

También Jesús hablaba de esto hace más de dos mil años: "En verdad os digo que si no os convertís y os hacéis como niños, no entraréis en el reino de los cielos". (Mateo 18:3). De esta forma explica la necesidad de seguir aprendiendo siempre para vivir realizados y felices.

**¡El secreto de la vida es evolucionar!** Aprende más de eso que te apasiona; si te paras, al igual que el agua cuando se estanca, pierdes tu vitalidad, te frustras y comienzas a verlo todo negativo.

---

"**¡Sé como el agua, amigo!** Fluye por la vida de la forma más fácil, trascendiendo los obstáculos y siguiendo tu camino".
*Bruce Lee.*

---

Si aún no lo has hecho, **¡sal de tu zona de confort!** Cambia la inercia. Pasa al siguiente nivel.

Al principio requiere un gran esfuerzo: se podría comparar con empujar un coche en punto muerto; de entrada cuesta moverlo, pero una vez que va cogiendo velocidad es fácil mantenerlo en un rodaje cómodo. A ti te va a pasar igual, al principio necesitas hacer un esfuerzo extraordinario, pero una vez que comienzas te va resultando más sencillo mantenerte y fluir en la nueva forma de vida, en la nueva vibración.

**¿Qué necesitas? Estar motivado, recordarte a ti mismo tu** *para qué*.

Aquí ayuda mucho la estrategia y la constancia, porque sin una buena estrategia puede resultarte frustrante. Imagina que quieres ver amanecer y echas a correr hacia el oeste: difícilmente vas a lograr tu objetivo.

**La decisión y una mentalidad positiva** sirven para empezar, **son el primer paso,** pero no representan la solución completa. En ausencia de disciplina, la decisión es el comienzo del desengaño. Sin embargo, no importa donde te encuentres en estos momentos en tu vida: si tomas una decisión, creas una estrategia, te comprometes y actúas con perseverancia, conseguirás lo que te propongas. Es una ecuación matemática. **La estrategia acompañada de la disciplina obra milagros.**

Te invito a observar la fórmula del buen cambio:

---

**Objetivo = estrategia + compromiso + perseverancia**

---

- **Objetivos**: cuanto más clara y precisa sea la descripción de los resultados que quieres conseguir, con más facilidad tu cerebro será capaz de encontrar la manera de llegar a esa meta o de ver las oportunidades que hasta ahora habías ignorado.

Suena simple, pero a menudo somos muy generalistas y decimos: "Querría más dinero, adelgazar o tener más tiempo libre".

De esta forma tan general no especificamos y nos arriesgamos a vivir en un estado de insatisfacción permanente.

¿Cuánto quieres ganar más? ¿El diez por ciento en comparación con el año pasado es suficiente? ¿O quieres el cincuenta? ¿Cuántos kilos quieres adelgazar en un mes? ¿Cuánto tiempo libre necesitas?

Si tienes objetivos específicos, tu cerebro seguirá acciones específicas, y la distancia entre lo que tienes y lo que quieres siempre se acortará. En otras palabras: **cuanto más claro sea lo que quieres, más fácil te será lograrlo**.

Si no sabes lo que deseas, te sugiero que pienses en todas las cosas que te hacen estar bien. Y, sobre **todo**, sustituye la duda por la certeza de que eres la fuente de cada uno de tus deseos. ¡Es hora de crear conscientemente la vida que te mereces! No te conformes con una vida ordinaria cuando sabes que tienes el potencial de hacerla extraordinaria.

¿Cuáles son tus **pasiones** más auténticas, capaces de influir en tu estado emocional de manera positiva? ¿Qué te hace sentir tan bien que lo haces en tu tiempo libre? ¿Qué estarías dispuesto a hacer sin que te pagaran? Ahí tienes tu propósito de vida, en lo puedes ser un genio. Ten por seguro que, si las conviertes en objetivos, acabarán siendo tu forma de vida. **Persevera y confía.**

> "Cuando te persuades a ti mismo de que eres exitoso el éxito es tuyo".
> *Neville.*

• <u>**Estrategia:**</u> se refiere a los pasos específicos que tienes que dar con el fin de lograr el resultado que persigues.

¿Y cómo puedes montarte una estrategia? Imagina que quieres hacer una tarta de queso y nunca la has hecho antes. ¿Qué harías? Lo primero, buscar una receta ¿no? Si tu ilusión es conseguir algo que alguien ya ha conseguido antes, no lo dudes, **cópiale**. No vamos a inventar la rueda si ya está inventada y funciona. Cópiala y úsala. Hazla tuya, tunéala. Utiliza las herramientas de la PNL que te conté en el capítulo anterior: modela esa forma de caminar que admiras, esos hábitos, esa forma de expresarse, etc.

**Modelar a alguien es la receta que necesitas para conseguir lo mismo que esa persona... acomodado a ti.**

Una manera de dirigir la estrategia es **crear el camino** al revés, como hacen los sherpas para subir al Everest: empiezan a planearlo desde la cumbre que quieren alcanzar hasta llegar a donde se encuentran. Así van previendo los posibles obstáculos que les puedan hacer retroceder.

Y cuando tengas claro el recorrido, pregúntate: ¿cuál es el primer paso, el más pequeño que puedo hacer inmediatamente que me lleve en la dirección de mis objetivos? (Por ejemplo: hacer una llamada telefónica, concertar una cita, buscar información en internet, inscribirte en un curso, hablar con alguien, etc.).

¡Y hazlo!

• **Compromiso:** es muy probable que para conseguir tus objetivos, tengas que hacer ciertas cosas que no te apetezcan mucho. Recuerda que si mantienes alto el nivel de motivación y de pasión podrás alcanzar cualquier meta. Cuando te enfrentes a algo que no te gusta, mira hacia dónde estás yendo. Y dite a ti mismo que eso forma parte de un plan mucho más ambicioso. ¡No te quedes mirando el dedo!

De hecho, juega un papel **importante** el propósito: ¿para qué lo quiero? **Es fundamental que tengas un *para qué*** sólido, porque sin él pierdes la unidad emocional y es fácil que te des por vencido cuando surjan desafíos. Pero si tienes una razón de peso lo bastante fuerte, encontrarás una ruta, una manera de llevarlo a cabo. **Quién tiene un por qué siempre encuentra un cómo.** Dicho de otra manera: el porqué es lo más importante, es el combustible para seguir jugando si se presentan obstáculos, hará más motivante el recorrido y, a su vez, más fácil de alcanzar. Si tienes un gran porqué o un gran para qué, encontrarás la manera de cómo hacerlo.

• **Perseverancia:** sigue siempre adelante. Si hay un esfuerzo constante para mejorar, serás capaz de dar tu mejor versión y de ser más de lo que nunca creíste posible, desafiarás las probabilidades y estarás dando pasos definitivos para crear el futuro que deseas.

> "La ley de la Paciencia Infinita establece que si estás
> dispuesto a hacer todo lo que hace falta, el tiempo
> que hace falta, conseguirás cualquier cosa".
> *Raimon Samsó.*

Recuerda lo que te dije al principio del capítulo: **es la felicidad la que produce el éxito**, así que, una vez que hayas identificado la fuente de tu felicidad, puedes cultivarla diariamente, estimulándola mediante simples pensamientos y acciones.

Esto no quiere decir que de hoy a mañana serás feliz, pero si cada día te reservas un poco de tiempo para dedicarlo a esas pequeñas cosas que te hacen sonreír, a largo plazo ¡habrás desarrollado el hábito de la felicidad!

**Eres creador de tu propia vida** puedes enriquecerla, y ser tan creativo y feliz como quieras serlo. Ser feliz es una decisión y ahora ya sabes por dónde empezar: ¡acostúmbrate a ser feliz!

## EJERCICIOS

• Hazte una lista clara de lo que deseas, con ese estado en que te visualizas siendo feliz: ¿tienes salud?; ¿tienes dinero?, ¿cuánto?; ¿dónde estás, quién hay contigo, en qué circunstancias te encuentras?

No te pongas límites. No adaptes tus sueños a tus creencias. Alguien dijo una vez que **si quieres llegar a la luna debes apuntar a las estrellas**, porque si apuntas al tejado nunca alcanzarás el objetivo.

• Siéntete merecedor de todo lo mejor en todos los aspectos (económico, de alegría, salud, paz, amor, etc.).

• Haz una lista de todos los motivos o razones por los que mereces ser feliz.

• Imagina que ya has conseguido tu objetivo y escribe cómo te sientes.

• Enfócate en ello a menudo. Para cambiar la realidad, necesitas llevar la mente a una realidad nueva; piensa en ello unos minutos cada vez que te acuerdes.

- Agradece todo lo que ya tienes y lo que está llegando, da las gracias por esta realidad que ya se está manifestando en tu mente, porque lo estás visualizando y la realidad se crea dos veces: la primera de ellas, en la mente. Antes de dormir, agradece tu deseo.

- Y por último:

---

**Haz siempre lo que creas que te va a hacer más feliz
porque, si te equivocas, será por un buen motivo.**

---

# IV. A LA CONQUISTA DE UN BIENESTAR PERDURABLE

*La diferencia entre un máximo rendimiento y el bajo rendimiento no es la inteligencia o la habilidad, es el estado en que se encuentran la mente y el cuerpo.*
TONY ROBBINS.

Ahora que conoces la importancia de los pensamientos para tener una vida saludable, imagínate el papel que juegan la comida, el ejercicio o la respiración. Son la parte física de nosotros mismos por lo que nos resulta más fácil percibirlos.

Y constituyen otro de los pilares para llevar tu vida a un siguiente nivel.

Para conseguir lo que te propongas, tal como has venido leyendo hasta aquí, necesitas una cosa sin la cual todo estaría arruinado: **salud**. La salud, según la OMS, es un estado de completo bienestar físico, mental y social. Así que no es solo la ausencia de enfermedades. ¡Es mucho más!

Sin embargo, fíjate: nos empeñamos en contaminarnos a diario con harinas refinadas, azúcar y otros nocivos comunes —aspartamo, aluminio, difosfatos como el E-450— y un largo etc., que van a condicionarnos la manera de estar en la vida, es decir, nuestra actitud. Por eso quiero compartir contigo pinceladas saludables del mundo de la nutrición, el ejercicio y la respiración que no verás en televisión y que, desde mi punto de vista, son básicas para dar este salto cuántico para el que te estás preparando.

Te contaré que, en un momento dado, tomé conciencia de que mi salud estaba en manos de las empresas farmacéuticas y de su publicidad. Probablemente sabes que, a su vez, estas son quienes financian los estudios, las universidades y a los gobiernos que las dirigen. Esto me empujó a observarlas más de cerca y a darme cuenta de que son como lobos hambrientos de negocio, que en última estancia buscan sanar solo porque se alimentan de la enfermedad de sus clientes. Pero esto también tiene doble lectura: en realidad, buscan sanar a medias, si me permites decirlo así, puesto que su negocio es la enfermedad y no la salud. Por eso te invito a que, poco a poco, te conviertas en dueño de tu salud, porque, créeme: nadie tiene ni puede tener más interés en sanarse que tú mismo. Y no es tanto lo que tomas para sanar como lo que dejas de tomar para no enfermar. Si hubo un tiempo en que el mantra era "comer de todo para tener los nutrientes necesarios", hoy ya no es así. Hoy, comer de todo es garantía de una alimentación inadecuada, y la tarea del cuerpo, más que la distribuir proteínas y carbohidratos, ha pasado a ser la de neutralizar tóxicos.

Hay alimentos que nos ayudan a estar más animados y que, de modo indirecto, contribuyen a ese anhelo de felicidad que tenemos. Son los responsables de la formación de las hormonas que inducen el bienestar y el buen humor.

- Dopamina: es la responsable del placer y la motivación.
- Endorfinas: son las mensajeras de la felicidad.
- Serotonina: tiene la extraordinaria función de establecer el equilibrio entre otros neurotransmisores como esa primera que he mencionado: la dopamina. Su falta causa angustia, tristeza, irritabilidad; en definitiva, desasosiego en sus más variadas formas. Hay estudios que relacionan la serotonina con una mayor sensación de bienestar, relajación y calidad del sueño, más alta autoestima, mayor concentración y un estado de ánimo mucho más favorable. ¡No se le puede pedir más!

Por el contrario, los niveles bajos de este neurotransmisor se asocian, como te digo, a comportamientos obsesivos y a trastornos por atracón.

Un modo de aumentar la producción de estas increíbles benefactoras es practicar deporte, bailar, cantar, pintar, leer, escuchar música, meditar o ¡hacer macramé! En definitiva, cualquier cosa a condición de que te haga sentir bien.

Una dieta equilibrada te ayudará a desintoxicar la mente y te dará la energía para impedir que la enfermedad, el desánimo y el estrés se apoderen de tu vida. **Vacúnate contra el mal humor comiendo de manera saludable** y llevando a cabo todas esas actividades que te hacen sentir bien.

¡Qué buena noticia! ¡Podemos diseñar nuestro propio estado de ánimo! No es ciencia ficción, sino una ciencia fascinante.

Ahora quiero compartir contigo los beneficios de respirar de forma adecuada que aprendí a través del yoga, para que no tengas la necesidad de apuntarte a clases, si no lo deseas, aunque es algo que recomiendo vivamente por lo gratificante que es para mí.

Así que, querido lector, mi intención con este libro sigue siendo ofrecerte un manual de conceptos básicos a partir de los cuales puedas profundizar. Ser dueño de un cuerpo más sano y de una vida más feliz, sin duda, lo merece. Merece que no tengas que depender de remedios externos porque tú mismo seas capaz de mantenerte en óptimas condiciones.

---

"Tu cuerpo es el vehículo para vivir esta experiencia llamada vida; trátalo lo mejor posible para expandir tu potencial y disfrutar con ello".
*Tony Robbins.*

---

# IV.I. SOMOS LO QUE COMEMOS

*Cuando la alimentación es mala, la medicina no funciona.*
*Cuando la alimentación es buena, la medicina no es necesaria.*
Proverbio de Ayurveda.

Los alimentos que tomas tienen impacto directo en tu inteligencia, capacidad de analizar, razonar, tomar decisiones, memorizar, en tu estado de ánimo; en definitiva, en tu salud física y mental.

Algo que a lo mejor no sabes es que está demostrado que el nivel de inteligencia se multiplica con la alimentación adecuada. Y que enfermedades como la depresión mejoran mucho más rápido con una dieta adecuada.

Somos seres holísticos. Tú eres un ser holístico, completo, de múltiples aspectos. La comida que tomas te afecta de forma física y condiciona el funcionamiento de tu mente. ¿Por qué? Porque en el organismo todo tiene relación y porque la buena armonía entre las partes determina tu estado óptimo de salud. Lo que comes pasa a tu sangre; la sangre lo riega todo e influye de forma directa en el funcionamiento de cada célula; las células construyen órganos y los órganos forman la arquitectura alucinante que eres. Así que la alimentación actúa en todo lo que discurre por tu cuerpo; y actúa, por descontado, en tu cerebro, y, por consiguiente, en tus pensamientos, sentimientos y emociones.

¿Lo ves?

Antes de hablar de la ingesta de alimentos, quiero compartir contigo la importancia del ayuno. Nuestro cuerpo, como todo en el universo, es homeostático, quiere decir que tiende al equilibrio. Si tienes una enfermedad y llevas a cabo un ayuno de los muchos que existen, tu cuerpo se sana por sí solo. De ahí que cuando estamos enfermos no tengamos hambre y, a pesar de eso, como tenemos la falsa creencia que debemos comer todos los días para estar sanos, pues nos obligamos a comer, forzando al cuerpo a invertir energía en los importantes procesos de la digestión y, por consiguiente, ralentizando la curación.

No sé si sabes que a diario mueren muchas células sanas del organismo por sustancias tóxicas contaminantes del agua, el aire, la tierra. También por muerte natural. Estas células se van acumulando junto con otras toxinas del organismo y el ayuno, al menos una vez al año, ayuda a eliminarlas.

Si quieres profundizar en esto basta con que pongas en Google *cáncer y ayuno* o *enfermedad y ayuno* y descubrirás centenares de sitios donde informarte. Y aquí quiero hacerte una salvedad: ni mucho menos es mi intención banalizar ni criminalizar el hecho de la enfermedad. Hay enfermedades y predisposiciones que heredamos a través del ADN, además de factores externos y causas adicionales que no dependen de nosotros. Donde me interesa poner el eje es en lo que podemos hacer para minimizar el impacto de esas *cartas marcadas*. Consulta con especialistas cuyo discurso se aparte del convencional; seguro que te ayudan a entender mejor qué puedes hacer por tu salud en lugar de recetarte medicamentos que, en el mejor de los casos, eliminarán un síntoma, pero no la causa.

La llamada *comida basura* está preparada con ingredientes refinados y artificiales que agravan la fatiga, el insomnio, el estrés o la inflamación. Además, para ser asimilados, el cuerpo necesita consumir muchos recursos y no solo a nivel energético, sino también a nivel físico. ¿Cómo lo consigue?

Recurriendo a las reservas de minerales —calcio, magnesio—, cosa que provoca carencias. Estos alimentos bien podían llamarse *antinutrientes*. Llenan el estómago, sí, pero no alimentan, y no solo no nutren, sino que roban reservas. Y la falta de nutrientes afecta al funcionamiento del sistema nervioso y de los estados de ánimo.

Todo juega un papel en tu organismo. Si tomas exceso de precocinados, bollería, galletas, azúcares o haces dietas estrictas, afectará a tu estado de ánimo; verás que te falta energía y tendrás mala memoria, desmotivación, irritabilidad; si me apuras, hasta depresión. La carencia de nutrientes te lleva a la enfermedad y al desequilibrio emocional, hace que te sientas agresivo, hiperactivo, cansando, confuso, fatigado, apático o deprimido. ¡Es fatal!

En cambio si tu dieta es rica en frutas, verduras, pescados y alimentos frescos en general, el carburante con el que alimentas tu cuerpo va estar lleno de antioxidantes, vitaminas y minerales y te sentirás saludable, te será más fácil aprender, poner atención en lo que haces y tener claridad de pensamientos.

Cuando necesitas nutrientes te sobreviene sensación de hambre, algo totalmente fisiológico, pero si no te los das, la sensación seguirá estando presente y es fácil que cometas el error de sobrealimentarte con productos refinados —con antinutrientes, claro— y, peor aún, seguirás teniendo hambre.

Pensar de un modo u otro crea emociones y sentimientos. Elegir qué comer ayuda a que estos pensamientos sean más equilibrados y que las emociones resultantes sean más saludables. Las emociones tienen más que ver con la salud a través de la alimentación que con los sentimientos que puede generar la degustación de un plato.

Asegúrate de tener en tu despensa todo lo necesario para no pasar hambre y alimentarte de forma saludable, que garantice esos nutrientes a ese insólito procesador que es tu cuerpo y pueda producir la serotonina y endorfinas necesarias.

¡Ah! Cada vez que pretendas llenar un vacío emocional con comida, recuerda que no funciona. Lo emocional tiene su propio campo de entrenamiento y lo que comas solo añadirá leña. Sabes que cuando estás de buen humor, estás también más atento a lo que comes y te administras mejor. Ahora, si te sientes culpable o avergonzado por lo que sea, el mejor propósito salta por los aires. ¡Y te abalanzas sobre cosas que te perjudican!

Además, cada alimento repercute más o menos en un órgano que en otro. Y cada órgano genera unas emociones. Así que dependiendo de si tomas un alimento u otro sentirás cosas distintas. Si ingieres alcohol en exceso y se sobrecarga el hígado, abres la puerta de la ira, la agresividad o, como poco, la impaciencia.

> *"Lo que pensamos genera emociones, pero también lo que comemos".*
> *Montse Bradford.*

Abusar del acto placentero de comer, no solo hará que nos sintamos más cansados y busquemos más comida con mayor ansiedad, sino que puede provocar serios problemas de salud.

Hablando de salud...

La salud se puede medir de una forma muy sencilla a través de los niveles de pH del cuerpo, que no es otra cosa que verificar si está ácido o alcalino. En la escala de pH, 0 es completamente ácido, mientras que 14 es completamente alcalino y 7 es neutro.

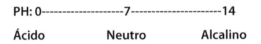

**PH: 0--------------------7---------------------14**

**Ácido**          **Neutro**          **Alcalino**

Nuestra sangre está en el lado alcalino, con un nivel de pH entre 7,35 y 7,45, mientras que el ácido del estómago necesita tener un pH de 3,5 o menos para descomponer los alimentos. Cuanto más ácido, mayor descomposición, que es lo preciso para la tarea de hacer de los alimentos partículas diminutas y asimilables. Ahora bien, si las paredes del estómago se inflaman por una mala alimentación, estrés e incluso contaminación atmosférica —que generan estados prolongados de acidez—, el cuerpo tratará por todos los medios de compensarlo.

Las dietas modernas son ricas en alimentos ácidos, o carentes de oxígeno, que promueven la inflamación y la enfermedad. Destaco los más básicos o habituales:

- Azúcar.
- Harinas refinadas.
- Grasas *trans* (alimentos procesados: margarinas, bollería industrial, galletas, patatas fritas, *snacks*...), que impiden al cerebro la correcta formación de hormonas esenciales.
- Lácteos.
- Carne.
- Alcohol.
- Cafeína.
- Aspartamo (presente en muchos edulcorantes artificiales, es extremadamente ácido y produce inflamación del cerebro).

Estos aumentan la acidez de la sangre y **el cuerpo se ve obligado a extraer minerales de los huesos y órganos para restablecer el equilibrio** del pH adecuado: 7,4.

Si quieres ser más eficiente, debes empezar por sustituir los alimentos refinados por los integrales, ya que estos se procesan lentamente y contienen todos los nutrientes.

Uno de los cirujanos más importantes del mundo, el Doctor George W. Crile, dijo: "Todas las muertes mal llamadas naturales no son más que el punto terminal de una saturación de ácidos en el organismo".

La acumulación de ácidos produce envejecimiento, falta de energía, mal humor, dolores de cabeza, enfermedades del corazón, alergias, eczemas, urticaria, asma, cálculos, arteriosclerosis, artritis, osteoporosis y cáncer, entre otros. Este, sin ir más lejos, para proliferar necesita un ambiente ácido que genera, a su vez, un círculo vicioso, puesto que las células cancerosas, en su crecimiento, provocan más acidez todavía.

Por el contrario, los hechos demuestran que **una dieta rica en alimentos alcalinos equilibra los niveles de pH en el cuerpo.** Previene hinchazón, insomnio, mala memoria, cálculos renales, niveles de energía deficientes, presión arterial alta, dolores de cabeza, diabetes, enfermedades del corazón, dolor muscular, huesos débiles, obesidad y todo tipo de déficit de minerales, incluso en edad avanzada. Aporta energía y vitalidad a todas las células y las enfermas no pueden prosperar en un ambiente alcalino.

El científico Otto Warholl, demostró este hecho al crear células cancerosas en un ambiente ácido. Las substancias ácidas rechazan el oxígeno; en cambio, las substancias alcalinas lo atraen. Un ambiente alcalino detiene a las células cancerosas en su desesperado arranque de multiplicación.

Te estarás preguntando cuáles son esos alimentos milagrosos con los que mantienes tu salud al máximo nivel. Pues como no podía ser de otra manera, para estar sanos hay que tomar vida, ¡alimentos vivos!:

- Verduras.
- Hortalizas.
- Frutos secos.
- Semillas, ricas en ácido fólico.
- Germinados.
- Frutas de bajo índice glucémico.
- Cereales integrales. Todo lo que es integral es superior a lo refinado.
- Aceites vírgenes.

El mejor carburante para el cerebro son los vegetales y frutas de bajo índice glucémico porque liberan los azucares de forma lenta y progresiva.

**Nunca deben faltar las vitaminas C y E**, como recomiendan los especialistas, vitaminas que son poderosos antioxidantes, ni tampoco deben faltar **los ácidos grasos esenciales como Omega 3 y Omega 6**, presentes principalmente en pescados pequeños, huevos o nueces. Fíjate todo lo que te llevas por delante, puesto que, tal como asegura el doctor Mario A. Puig, su función en el organismo es clave: reducen la inflamación cerebral, potencian el sistema de defensa, relajan los vasos sanguíneos, regulan los neurotransmisores (la comunicación entre las neuronas). La ingesta de grasas también afecta a tu nivel de inteligencia porque, si te fijas, el cerebro es casi todo grasa y su carencia puede desencadenar depresión, fatiga, problemas de memoria o dificultad de aprendizaje.

Puedes lograr equilibrio en el pH entre 7,35 y 7,45 si consumes un ochenta por ciento de alimentos alcalinos y un veinte por ciento de alimentos ácidos. En la medida de lo posible alimentos de origen ecológico, lo menos procesados posible.

# IV.II. AGUA Y SALUD

*El agua es el alma madre de la vida y*
*la matriz, no hay vida sin agua.*
ALBERT SZENT-GYORGYI.

El agua constituye más de la mitad del peso del cuerpo. Todas las células y funciones de los órganos dependen del agua para trabajar de forma adecuada. El agua lubrica, transporta nutrientes a todas las sustancias y sirve como material de construcción para el crecimiento y reparación del cuerpo. Además, forma fluidos que rodean las articulaciones, regula la temperatura corporal a medida que se distribuye el calor y el frío a través de la respiración. ¿No es impresionante la cantidad de cosas que pasan dentro de nosotros sin que apenas tengamos que intervenir?

Si no bebes agua suficiente, enfermas, porque tu organismo la necesita para muchas reacciones químicas. Sin embargo, se ha descubierto que **el ser humano no sabe distinguir entre sed y la necesidad de comida** y, cuando estas señales llegan, tiende a comer. Aun cuando la boca seca es el último aviso, la señal definitiva de alarma ante la deshidratación. Y al alimentarnos en exceso por no entender que el cuerpo nos pide agua y no comida, solo ganamos peso.

No esperes a que el organismo tenga que recordarte que te estás deshidratando, adquiere el hábito de beber y, si puede ser alcalina, mejor.

¡Mantente siempre bien hidratado!

Cuando un ser humano se deshidrata pueden aparecer alergias, asma y dolores crónicos en diferentes zonas del cuerpo, migrañas, colitis. Y es que aunque esos dolores se perciban en zonas localizadas, en realidad están avisando de que hay deshidratación de todo el organismo.

Pero no es solo el problema la cantidad de agua que ingerimos a diario, no tanto como la calidad. El agua pura es una materia prima que escasea.

Infórmate y saca tus propias conclusiones. Las mías son que si bebes agua del grifo, estás tomando agua clorada y en muchos casos reforzada con flúor. Y aquí viene la bomba:

• <u>**El cloro**</u> es un tóxico para el organismo, destruye la vitamina E, altera la flora intestinal, irrita el estómago y puede producir cáncer. **Nunca bebas agua directamente del grifo**, sin al menos haberla dejado reposar. Ningún filtro detiene el cloro; únicamente un aparato alcalinizador logra separarlo efectivamente junto con los otros elementos ácidos no deseados. Para librarte del cloro también puedes:

▪ **Dejar el agua en reposo.** El cloro es una substancia que se evapora rápidamente.

▪ **Poner agua a hervir.** El hervido permitirá reducir la concentración de cloro en el agua, ya que se evaporará con el calor.

---

"El riesgo de contraer cáncer entre la gente que bebe agua clorada es un 93 % mayor de aquella que filtra el agua mediante un alcalinizador".
*Junta de Calidad Ambiental, U.S.A.*

---

• <u>**El flúor**</u> o fluoruro de sodio, usado en el agua potable, es una sustancia peligrosa y un ingrediente activo en insecticidas y veneno para ratas, también es uno de los principales ingredientes de fármacos anestésicos, hipnóticos y psiquiátricos, así como del gas neurotóxico para uso militar.

**Ninguna cantidad es segura para ingerir**, ya que los fluoruros usados contienen una alta concentración de metales pesados, como el arsénico, el plomo y el cromo y su efecto es acumulativo.

Esto que sigue son unos cuantos eventos históricos relacionados con los perjuicios del flúor:

1. En el año 1901 Frederick S. McKay, un joven dentista, abrió una clínica en Colorado Spring, al lado de un asentamiento minero. Muy pronto se dio cuenta de que casi todos los habitantes tenían los dientes de color marrón. McKay tomó muestras de agua y las envió a analizar para descubrir que el contenido en flúor era el responsable del antiestético moteado de los dientes y también de su resistencia a las caries.

2. La primera aparición de agua potable fluorizada en la Tierra se produjo en campos de prisioneros de la Alemania nazi. Sus razones alegadas para la medicación en masa a través del agua con fluoruro de

sodio fueron dos: esterilizar a los seres humanos y forzar a la gente en sus campos de concentración a la sumisión tranquila.

3. Los soviéticos, por su parte, admitieron abiertamente la "utilización del flúor en el suministro de agua en sus campos de concentración, para hacer los prisioneros estúpidos, dóciles y serviles". Tal fue el testimonio de George R. Jordan ante el comité de Actividades Antiamericanas del Congreso en la década de 1950. Este hombre ostentaba el grado de Mayor del Ejército y actuó como enlace EE. UU.-URRS, así que hemos de pensar que sabía de lo que hablaba.

4. Hay mucha información acerca de este uso interesado del flúor. ¿Sabías que uno de los componentes del Valium es precisamente este? La propia Margaret Thatcher lo utilizó en el Ulster haciendo triplicar la cantidad de flúor vertida en el agua. Es difícil pensar que fueran razones humanitarias las que la indujeran a hacerlo.

5. La Administración de Alimentos y Medicamentos de los Estados Unidos (FDA) exige que las etiquetas de las pastas dentales lleven bien visible una etiqueta que dice "Consérvese fuera del alcance de los niños". Desde la ADA (Asociación Dental Americana) advierten que nada de darles agua fluorizada.

6. En Alemania, Bélgica y Luxemburgo, la fluorización del agua se prohibió porque fue clasificada como **medicación compulsiva contra la voluntad del sujeto** y por lo tanto, viola los derechos humanos fundamentales. Pero países como España lo utilizan en cualquier agua tratada y se vende en pastas de dientes como remedio para prevenir las caries y para fortalecer los dientes.

Déjame terminar este capítulo sobre el agua y sus contaminantes añadiendo que Arvid Carlsson, Premio Nobel de Fisiología o Medicina en el año 2000, se opuso de manera radical a la fluorización del agua y estaba convencido de que tales actos se plasmarían en los anales de la medicina como crímenes contra la salud de la población. También en Argentina se impulsó la derogación de la Ley 21.172 en virtud de la cual se fluoraban las aguas de abastecimiento público.

A estos datos, a cuyas fuentes te remito, querido lector, me refiero cuando te confío mi opinión sobre las empresas farmacéuticas y nuestra salud. En este caso, en el colegio no solo no me informaron de este veneno, sino que todos los viernes por la tarde se nos administraba gratuitamente a los niños flúor con sabor a fresa para proteger los dientes. Quiero pensar que se hacía por desconocimiento y no por intereses perversos.

Por eso te invito a que seas inquieto e incrédulo y no hagas caso de los anuncios publicitarios. La publicidad obedece a intereses y no es reflejo de los mejores productos para preservar la salud. Cada vez que veas uno de esos maravillosos anuncios que te describen una felicidad vinculada a tal o cual compra, recuerda que hay una empresa mirando por su propio negocio.

El agua es, sin lugar a dudas, el elemento ingerido más importante para la correcta supervivencia del ser humano. Si no puedes permitirte un buen filtro de ósmosis inversa en tu casa, puedes evitar esta contaminación adquiriendo la cultura de beber agua alcalina.

**Una receta sencilla para obtener agua alcalina:**

A un vaso con agua agrega una pizca de bicarbonato y el zumo de medio limón. Tómalo inmediatamente.

Haz esto tres veces al día, más otras cuatro veces al día sin agregar el bicarbonato (solo medio limón). Así mantienes el cuerpo alcalino al cien por cien.

Comienza a beber por la mañana, justo al levantarte. Es el momento de mayor deshidratación y toxicidad. Tomar agua con el pH correcto ayudará a tu cuerpo a eliminar los residuos ácidos.

Tiene un pH de 8,5 y eso ayuda a neutralizar la acidez derivada de la mala alimentación. Es seis veces más desintoxicante que el agua normal, poderosamente hidratante y con numerosos beneficios. Te cuento lo que he ido extractando de las fuentes que he consultado y que encontrarás reseñadas al final del libro:

- Mejora la digestión de los alimentos. Evita las fermentaciones provocadas por una mala nutrición.
- Resuelve casos de diarrea crónica.
- Mejora los estados de hiperacidez del estómago que pueden ocasionar úlceras gastroduodenales.

- Combate la acidez orgánica provocada por las dietas excesivamente ricas en carnes y productos elaborados (no naturales).
- Favorece la alimentación de las células y la eliminación de los productos resultantes de su metabolismo.

Termino el apartado con un dato más: el doctor en Bioquímica WON H. KIM, de la universidad de Oxford, ha publicado conclusiones de sus investigaciones sobre las **propiedades anti-cancerígenas y anti-diabéticas del agua alcalina** en su libro: *Agua de vida, una cura para nuestro cuerpo.* Léelo. Te abrirá una nueva perspectiva sobre el agua. Dicho de otro modo: el agua no volverá a ser igual para ti.

## IV.III. EL EJERCICIO CAMBIA TU CUERPO, TU MENTE, TU ACTITUD Y TU HUMOR

*Si tu cuerpo está ágil, tu mente será ágil.*
Nuria Gonher.

El cerebro del humano moderno y su sistema nervioso apenas ha sufrido modificaciones en los últimos cinco milenios. Sin embargo, ¿crees que tienen algo en común las rutinas que desempeñaban nuestros antepasados prehistóricos y las que llevan a cabo sus descendientes de 2019?

> "El hombre es un extraño en el mundo que ha creado".
> *Alexis Carrel (Premio Nobel de Medicina en 1910).*

La tendencia a la vida sedentaria y el tiempo en el trabajo delante de pantallas someten a nuestros organismos a estrés que no eliminamos y a una dependencia total a la máquina, lo cual acarrea consecuencias devastadoras. Estos son algunos de los perjuicios que provoca, sin que muchas veces seamos conscientes:

• El ordenador inmoviliza el cuerpo y perjudica a todos sus componentes: músculos, huesos, circulación de la sangre y tránsito intestinal.

• La pantalla *hipnotiza* literalmente la mirada y ayuda a desarrollar miopía y fatiga de los ojos, causada por la luminosidad directa.

• El ratón deja la mano inmóvil y la obliga a realizar movimientos antinaturales, mientras que el teclado, diseñado para favorecer la rapidez de los gestos, crea una fatiga neurológica constante.

De hecho, estas actividades mantenidas en el tiempo provocan un progresivo deterioro de la salud casi inevitable.

"¿Y... qué puedo hacer?", es fácil que te preguntes si te has sentido identificado con esta situación.

"¿Tengo que cambiar de trabajo para no perder mi buena condición física?". Tranquilo, es mucho más sencillo.

**Mover el cuerpo como mínimo treinta minutos al día es la mejor medicina**. Camina, nada, monta en bici; practica esquí, surf, remo; haz yoga, danza, pilates, judo, artes marciales; juega al tenis, golf, baloncesto, rugby, fútbol; patina o haz estiramientos para fortalecer la musculatura; salta, si quieres ayudar a limpiar tu sistema linfático, esto activará una sensación inmediata de bienestar anímico (entre 10 y 15 minutos es suficiente).

Por si no lo sabías, el sistema linfático es una red de vasos que recorre todo el cuerpo como si fueran venas, pero que llevan un líquido transparente que ayuda a transportar los residuos, bacterias y microbios de las células para sanear el cuerpo. Es como el sistema circulatorio, a diferencia de que la sangre es bombeada por el corazón y el líquido linfático no tiene una bomba central. Para mover el líquido linfático a través de los vasos utiliza la contracción muscular. Así que, si no haces ejercicio se vuelve lento, los fluidos se estancan, las toxinas se acumulan y esto se manifiesta en resfriados, dolor en las articulaciones, infecciones e incluso en la enfermedad. Imagínalo como si fuera un barrio periférico que no se limpiara nunca.

Apenas treinta minutos de ejercicio físico reportan unos beneficios extraordinarios. Notarás los efectos de la serotonina. Al moverte, respiras mejor, las células del cuerpo se oxigenan y producen un efecto de placer y bienestar inmediato, mayor felicidad y expulsan estados de ánimo próximos a la depresión o la ansiedad tan frecuentes hoy en día.

Los neurólogos aseguran que caminar durante cuarenta minutos tres veces a la semana, mejora la conectividad de los circuitos cerebrales disminuyendo el deterioro de la función cerebral debido al envejecimiento. Esto significa que mejora el rendimiento cognitivo, y te lo traduzco: las personas que hacen ejercicio tienen cerebros sanos y obtienen mejores resultados en pruebas relacionadas con el conocimiento, que las que son sedentarias. Así que, si quieres tener mejores ideas, sentirte con más energía y afrontar cada día de una manera más positiva y feliz:

¡Muévete!

Y además, ¡diviértete!, puedes introducir música, amigos, cambiar el ambiente, etc.

# IV.IV. RESPIRAR TE ALARGA LA VIDA

*La vida es aspirar, respirar y expirar.*
SALVADOR DALÍ.

Respirar es otro de los temas pendientes de la educación contemporánea. Funciones como comer y beber son esenciales para la vida, sin embargo, puedes pasar varios días sin comer y mantener la salud; también puedes llegar a sobrevivir uno o dos días sin beber agua. ¿Y sin respirar? ¿Te has parado a pensar cuanto tiempo puedes permanecer sin respirar? En cuestión de minutos puedes llegar a sufrir daños cerebrales irreversibles. Por lo tanto, la respiración es lo más importante y, a pesar de ello, nadie nos enseña a respirar de forma adecuada.

Nacemos sabiendo respirar, luego, como aprendemos por imitación, si los adultos que nos rodean no saben respirar nosotros tampoco. Y si respiramos de manera deficiente nunca podremos gozar de una salud perfecta.

Otra cosa importante: la nariz es para respirar y la boca para comer. Al igual que no se te ocurre comer por la nariz, tampoco deberíais respirar por la boca (a menos que sean ejercicios de respiración puntuales). Cada cosa tiene su función.

Si eres como la mayoría de la población occidental, utilizas, como mucho, la mitad de la capacidad pulmonar cada vez que inspiras. Por lo tanto, la oxigenación de tus células se realiza a la mitad. Los pulmones tienen tres partes, alta, media y baja, y en cada inhalación deberías llenar todas de aire para un estado óptimo de los mismos. **La inhalación empieza en el suelo pélvico y termina en la coronilla.** La exhalación empieza en la coronilla y termina en el suelo pélvico. Te lo explico con más detalle:

• La zona inferior es la **región abdominal**. La respiración comienza en la base del diafragma, cerca de la cintura. El vientre se expande como un globo en la inhalación y se vacía en la exhalación.

• La segunda zona es la **región torácica** de las costillas o el pecho. Las costillas y los músculos intercostales se expanden y contraen como un acordeón cuando la respiración llega a esta zona.

- La parte alta se conoce como la **respiración clavicular**. Puedes colocar la yema de los otros dedos por encima del hueso de la clavícula para sentir el movimiento de esta área durante la respiración.

**¿Cómo se práctica?**

Si quieres hacer respiraciones completas y es la primera vez, te recomiendo que te tumbes boca arriba en un sitio sólido y comiences por poner la mano sobre el abdomen. Con el acto de inspirar, imagina que cada célula se expande y te llena de energía. Con el acto de espirar, imagina que la espiración te limpia y hace posible que te relajes por completo.

Estos son los pasos:

- Inhala y exhala por la nariz.
- Debes enfocarte en llevar la respiración a la parte más baja de los pulmones hinchando el vientre como un globo.
- Expande la respiración para llenar la región torácica o del pecho.
- Continúa inhalando para llenar la región clavicular o del torso. Hinchando los pulmones hasta que empujen tus hombros hacia arriba y sientas como se estira la columna vertebral.
- Siente cada área expandirse mientras la respiración fluye, desde debajo, al centro y la región superior de los pulmones en un movimiento parecido a una ola.
- Exhala desde la cima de los pulmones vaciando la parte superior, el centro y la parte inferior.
- Haz varias respiraciones largas, lentas y profundas, manteniendo el cuerpo relajado.
- Continúa hasta que llegues a sentir las respiraciones fluidas e ininterrumpidas.

Cuando haces una respiración profunda, el diafragma (el músculo más importante de la respiración) se estira desde la columna lumbar y se ensancha en la base de las costillas. Este movimiento empuja los órganos y activa su circulación. Puedes repetirlo tantas veces como quieras, pero ten en cuenta que al principio puede causar hiperventilación. Tranquilo, es un indicador de que has realizado respiraciones completas y has oxigenado más de lo habitual. Repercutirá directamente en la salud de todas las células de tu cuerpo. Ellas lo agradecerán.

Además, respirar adecuadamente ayuda a:

* Liberar gran cantidad de dióxido de carbono y producir la consiguiente purificación de las células la que ya hemos hablado.
* Fortalecer el diafragma, el corazón y el sistema nervioso.
* Producir claridad mental instantánea y atención.
* Equilibrar el sistema simpático y parasimpático, lo que genera calma y agudiza las funciones cerebrales, te brinda una mayor estabilidad emocional y mental.
* Estimular el metabolismo y los procesos anabólicos, que es como el cuerpo se las arregla para hacer el trabajo fino, como movilizar la energía, mantener los tejidos... Todas esas minucias de las que se encarga este prodigioso sistema.
* Aumentar la producción de endorfinas, esas eficacísimas atletas que nos hacen sentir en la gloria y que contribuyen a rebajar dolores e inflamaciones, generando un estado de relajación.

Mientras en este lado del mundo con un simple dolor de cabeza acudimos a los remedios farmacéuticos, en muchos lugares de Asia se centran en respirar correctamente unos minutos en estado de relajación y... asunto resuelto. Cuando en Occidente padecemos ansiedad recurrimos al médico para que nos dé pastillas. En Oriente se sientan de forma relajada, hacen respiraciones conscientes durante el tiempo necesario y la ansiedad se desvanece. La ansiedad es fruto de la mente pre-ocupada, anticipada al futuro, así como la depresión lo es de la mente pre-ocupada por el pasado. Si lo piensas, **el hecho de sentarte a respirar, te centra en el presente**, porque cesan los pensamientos y solo estás pensando en la respiración. **AQUÍ Y AHORA.** Solo eso ya imprime paz.

La respiración es uno de los aspectos más importantes en la práctica de yoga. La tradición considera que el aire es la energía vital, la vía primaria por donde fluye la vida.

Los ritmos respiratorios se pueden clasificar en tres categorías que tomo prestadas de mi curso de monitora de yoga:

1. **Respiración vitalizante o energetizante.** La espiración es activa, más corta y potente que la inspiración. La inspiración es pasiva y más lenta.
2. **Respiración tranquilizante o relajante.** En este caso haces una inspiración activa. Y una espiración pasiva, lenta y larga.

3. **Respiración equilibrante o armonizante.** Con esta modalidad, la duración de ambas, espiración e inspiración, es igual o muy similar.

Comparto contigo unos ejercicios que me parecen interesantes y fáciles para empezar:

- **Concentrarte en el lugar de procedencia de la respiración** es una técnica de meditación veda que consiste en:
  - ▪ Con los ojos cerrados, realizas la respiración equilibrante.
  - ▪ Mientras inhalas piensas o pronuncias la palabra *SO* y cuando exhalas, la palabra *OM*. Traducido del sanscrito quiere decir: YO SOY.
  - ▪ Gradualmente, la respiración y el sonido se harán más pausados. Y cuando tranquilizas la respiración tranquilizas la mente.
- **Respiración alterna**:
  - ▪ Con el dedo pulgar tapas el lado derecho de la nariz mientras inspiras por el izquierdo contando hasta cuatro.
  - ▪ Retienes el aire, tapas el lado izquierdo con el dedo corazón y dejas libre el derecho mientras cuentas hasta seis sin soltar el aire.
  - ▪ Sueltas el aire por el lado derecho contando hasta ocho y exhalas hasta el último aliento.
  - ▪ Comienzas de nuevo y lo repites tantas veces como te sientas cómodo. Una advertencia: al principio produce hiperventilación si se realiza durante largo tiempo.

Ayuda a equilibrar el sistema simpático y parasimpático y a aumentar la capacidad pulmonar permitiendo una mejor oxigenación celular mantenida.

Esta misma técnica, añadiendo agua con sal en cada inspiración y varias veces al día durante un periodo determinado cura la sinusitis por completo. Lo he probado y ¡funciona!

- Usa el humor:
  - ▪ La risa ayuda con la respiración a aflojar el diafragma y a relajar cuerpo y mente.

# IV.V. SI MEJORAS TUS HÁBITOS, MEJORAS TÚ

*Somos lo que hacemos día a día. De modo que
la excelencia no es un acto sino un hábito.*
ARISTÓTELES.

En 1887, William James, padre de la psicología científica, habló de la enorme plasticidad cerebral y de cómo son necesarios tan solo veintiún días para la formación de un nuevo hábito.

En los años sesenta, el Dr. Maxwell Maltz afirmó que **los hábitos se forman en veintiún días.** Era cirujano plástico y se dio cuenta de que sus pacientes tardaban este tiempo en dejar de sentir *sensaciones fantasma* después de una amputación. A partir de ahí, inició un estudio en el que determinó que sus pacientes tardaban veintiún días en crearse un nuevo hábito, siempre y cuando no se omitiera ni un solo día.

Curiosamente, el cerebro también necesita veintiún días para que las células madre se conviertan en nuevas neuronas.

¿Y cuántas veces hay que repetirlo? Pues justo eso, tres semanas. Ese es **el tiempo que tu cerebro necesita para crear las conexiones neuronales que convierten algo en un hábito y así ganar en eficiencia.** Porque para realizar este tipo de actos no hace falta ninguna motivación, ni siquiera un pensamiento consciente, basta con la señal externa para detonarlo.

Por ejemplo: yo, por la mañana, nada más levantarme, lo primero que hago es tomar un vaso de agua templada. Llevo tantos años haciéndolo que, cuando salgo de la cama, no tengo que pensar que voy a hacer, sino que mi cuerpo se dirige a por el agua, sin más. Es como cuando te subes al coche y te pones el cinturón: ni lo piensas.

Tu vida está llena de automatismos, de acciones que a fuerza de haber sido repetidas suficientes veces, las haces con el piloto automático, asociadas a una determinada señal.

**Repetir para automatizar.** Cuando haces algo nuevo obligas al cerebro a salir de su zona de confort. Y cada vez que repitas esa acción te va a costar un poco menos, ya que la ruta neuronal será cada vez más fuerte.

Llega un momento en que transcurre ese plazo y se consolida como un hábito, un acto automático. Habrás conseguido que el cerebro funcione como quieres, ayudándote a alcanzar tus objetivos.

Esto es clave: si eso que buscas convertir en costumbre es algo importante para ti, algo que te motive, será más fácil que tengas éxito. Solo hace falta una buena idea, sentir y saber que eso es algo realmente bueno para ti, las cosquillas por dentro y... repetir.

Con independencia de lo que establezcan los científicos o estudiosos como tiempo promedio para instaurar un nuevo hábito, la llave es la motivación. Tal vez tardes veintiún días, tal vez menos o quizá un poco más. Lo decisivo es que ser una persona nueva está en tu mano. Y, de paso, transformar tus acciones en hábitos saludables te conduce hacia llevar **una vida más sana y feliz.**

Ahora ya sabes todo lo necesario para tener éxito con tus hábitos. Este es un tema muy personal que debes elegir con prudencia para crear la vida que deseas. Solo deja que añada un hábito que, sin mucho esfuerzo, puede proporcionarte grandes beneficios:

### La magia del agua fría

Siempre he sido de las personas a las que les encanta tomar una ducha o un baño caliente y, cuanto más caliente, mejor. Cuando leí por primera vez esta información no confiaba mucho en ella, pero para poder opinar decidí probarla, aun cuando me costaba respirar al sentir el agua gélida sobre mi cuerpo. Y ahora puedo decir que cada día me gusta más.

La persona que ha llevado esto al máximo nivel es Wim Hof, conocido por hazañas como hacer un agujero en el hielo en el Polo Norte y bañarse en traje de baño, sumergirse casi dos horas en agua con hielo o alcanzar la cima del Tibet en camiseta. Además de tacharle de loco, ha sido estudiado por científicos que confirman que tiene un estado de salud excelente.

Wim Hof afirma que si te duchas o te bañas en agua fría activas naturalmente los poderes curativos de tu cuerpo y, si lo conviertes en un hábito, ganas en salud y bienestar.

La práctica regular de inmersión en agua fría proporciona cambios de larga duración en los sistemas inmunológico, linfático, circulatorio y digestivo y tu calidad de vida se incrementa.

• **Mejora la circulación linfática:** hace que los vasos linfáticos se contraigan, forzando al sistema a bombear fluidos por todo el cuerpo y así moviendo los residuos de sus depósitos. De este modo, los glóbulos blancos del sistema inmunológico atacan cualquier sustancia no deseada. Si el sistema linfático no filtra ni elimina desechos, los sistemas cardiovascular e inmunológico comienzan a fallar. Si el líquido en tu sistema linfático es espeso y lento, esos músculos tuyos no recibirán la sangre que necesitan, tus órganos se volverán doloridos y tensos y tus niveles de energía disminuirán.

El efecto del agua fría es como el del dominó: a su vez, tiene consecuencias en los otros sistemas y se traduce en que te sientes más feliz y saludable.

• **Mejora la circulación cardiovascular:** la inmersión en agua fría también estimula el flujo sanguíneo que rodea tus órganos vitales: el corazón se ve obligado a bombear más con más eficacia, empujando la sangre a través de todos los vasos, suministrando a todas las partes del cuerpo el oxígeno y los nutrientes que necesita.

Si haces esto de forma rutinaria, ayudas a que la sangre vaya más fluida. Y esto repercute en la salud del corazón, el rendimiento mental, tanto el sistema inmunológico como el metabolismo salen beneficiados.

• **Incrementa la capacidad de atención:** gracias a la activación del sistema nervioso se estimula la secreción de neurotransmisores como la noradrenalina, que favorece la atención y la alerta.

• **Reduce la inflamación muscular:** ¿Alguna vez has tenido agujetas? Cualquier actividad que empuja a los músculos más allá de los límites acostumbrados puede dar lugar a roturas microscópicas en las fibras e inflamación del tejido. Se conoce como dolor muscular de aparición tardía y, para muchos, puede ser tan doloroso que hasta les lleve a tomar antiinflamatorios.

El agua fría reduce la temperatura del tejido dañado y contrae los vasos sanguíneos. Reduce así la inflamación e incluso adormece terminaciones nerviosas que proporcionan un alivio inmediato a cualquier dolor.

- **Refuerza la autoestima y la sensación de autocontrol**: genera mayor sensación de autodominio y autoestima porque es un **pequeño reto a superar. Te sirve de estímulo.**

- **Aumenta los niveles de felicidad:** en 2007, un estudio concluyó que las duchas fría ayudan a tratar los síntomas de depresión y, si se utiliza de forma rutinaria, puede ser más beneficioso que los medicamentos de venta con receta. El choque térmico con el agua fría hace que se estimule la producción de noradrenalina en el cerebro, lo que genera **mejoría del humor y alivio del estrés y la ansiedad.** Otras investigaciones indican que también genera disminución del nivel de cortisol. Es decir, el agua fría provoca una inundación de los neurotransmisores del estado de ánimo que te hacen sentirte feliz.

- **Favorece la pérdida de peso:** ayuda a mejorar el metabolismo. El agua fría llega a promover la grasa marrón saludable y ayuda a eliminar la grasa blanca, esa que se amontona alrededor de la cintura y los muslos cuando se consumen demasiadas calorías. Es un excelente complemento de la dieta y el ejercicio.

- **Incrementa la oxigenación**: cuando entras en contacto con agua muy fría, aceleras la respiración. El cuerpo necesita una mayor cantidad de energía para hacer frente al frío, lo que implica acelerar la adquisición de oxígeno. Así, aumentan los niveles de oxígeno en el organismo.

- **Mejora la libido y la calidad y cantidad de esperma**: el frío estimula la secreción de testosterona, lo que a la larga tiene un efecto en la actividad psíquica y en la capacidad de respuesta sexual.

- **Mejora el sueño:** facilita la conciliación del sueño y es de más calidad. Aunque el hecho de someterte a una ducha fría te ayuda a despejarte, con el paso del día facilita que tu cuerpo se relaje con mucha más facilidad.

- **Beneficios en piel y cabello:** previene la caída del cabello y genera mayor brillo. Además permite la tonificación de la piel al estirarla y no genera pérdida de la grasa cutánea que la reseca el agua caliente.

La próxima vez que te encuentres decaído recuerda los beneficios del agua fría, ya sea en el mar, en un lago o una simple ducha. El agua será una gran aliada para mantener tu cuerpo en óptimas condiciones.

Te invito a que lo pruebes, cómo no, veintiún días, incluso si comienzas con una rápida ducha fría o bajando la temperatura paulatinamente, los resultados pueden ser espectaculares para tener una dosis extra de energía durante toda la jornada. Te encontrarás pletórico y con un ánimo excelente para vivir la vida de la manera que deseas.

# V. INTELIGENCIA FINANCIERA

*No voy detrás del dinero, voy detrás de un Sueño: SER LIBRE.*
ROBERT KIYOSAKI.

Si practicas todo lo que estás leyendo en este libro, tu vida sin duda aumentará de vibración y, como consecuencia, te sentirás mejor y atraerás abundancia en todos los aspectos. Una salud rebosante, amor e inteligencia cognitiva y emocional que te llevarán a tener relaciones excelentes y éxito en tus proyectos. Y, ¡cómo no!, una economía próspera. Porque si creces en todos los aspectos de tu vida, no puede ser menos el económico, y si no es así es porque hay algo que no sabes o un problema en tu sistema de creencias respecto al dinero. En este capítulo vamos a ver esto con detenimiento.

¿Te has preguntado alguna vez para qué te hacían aprender en el colegio cosas como los afluentes de río Tajo, que puede que nunca los hayas necesitado hasta ahora, y sin embargo, pasaran por alto cosas tan relevantes como aprender a administrar el dinero, a cocinar o todo lo relativo al sexo? Yo sí, y es por lo que quiero dedicar este capítulo a la inteligencia financiera. La cocina y el sexo, tal vez, para otro libro.

Aunque lo he dejado para el último lugar, no se debe a que sea menos importante. **El dinero es valiosísimo** y te puede facilitar mucho la vida. Para mí, descubrir todo lo que voy a compartir contigo aquí ha sido una verdadera revolución.

Había oído tantas veces que el dinero no da la felicidad que, durante un tiempo, llegué a pensar que también me la quitaba. Tenía un continuo debate entre deseo de ser rica y la culpa de desear serlo por miedo a ser menos espiritual o a que me trajera desgracias. ¡Menudo dilema!

Veamos: **la economía influye en tu felicidad hasta cierto punto.** Si tienes cubiertas las necesidades básicas, no influye tanto como si llevas una vida de pobreza, ya que esta se vuelve muy cuesta arriba si este pilar falla.

Tras leer decenas de libros sobre dinero y poner a prueba sus lecciones, te puedo decir que ni el dinero te da la felicidad ni tampoco te la quita. Es un potenciador, es decir, tener dinero abundante te hace ser más de lo que ya eres. Si eres buena persona, te permitirá serlo con mayor número de otras personas, compartir, ayudar, colaborar... Mientras que, si no, seguirás sin serlo por mucho dinero que tengas.

Desde que empecé a interesarme por mi libertad financiera y por qué hacer para conseguirla, he aprendido pequeños detalles que poniéndolos en práctica hacen que mis finanzas vayan viento en popa. La intención de este capítulo es que descubras esta inteligencia y qué hacen las personas económicamente libres para serlo. No voy a entrar en cuáles son los mejores negocios, ya que eso es muy relativo. Solo quiero que comprendas que **la economía es como un juego y que todos los juegos tienen sus reglas**; si las sigues, puedes ganar, pero si ni siquiera las conoces, te mantendrás en la misma inercia de siempre: te llega el dinero por un lado y se te va por otro, te cuesta un triunfo ahorrar o cada mes te surge un imprevisto que te mantiene viviendo con lo justo.

Me he dado cuenta de que la mayoría de nosotros va dando palos de ciego con la economía por falta de información. En mi camino he aprendido algo sumamente importante: **si no tienes el dinero que deseas, es porque te falta conocimiento**. Quien sabe y se compromete puede llegar a ser multimillonario. El asunto es proponérselo.

Por otro lado, estarás de acuerdo conmigo en que **el dinero es un tema tabú** en nuestra sociedad. Si preguntas a las personas que te encuentres hoy por la calle —imagina que eres un reportero de televisión— o incluso a tus amigos cuánto ganan o cuanto tienen ahorrado, apuesto a que no te van a responder; es más, les parecerás un grosero, aunque seguro que no tendrán inconveniente en contarte qué han comido ese día o a qué hora se han levantado por la mañana.

Otra cosa de la que me di cuenta fue que tenía la falsa creencia de que una persona humilde es una persona pobre que nunca habría deseado tener una economía abundante. Esto, desde el punto de vista de quien considera la humildad como una virtud es lógico pensarlo.

Según la RAE, *humildad* es la virtud que consiste en el *conocimiento de las propias limitaciones y debilidades y obrar de acuerdo con este conocimiento*. Es decir, saber reconocer nuestro desconocimiento... y actuar desde ahí. De esto deduzco que, a mayor conocimiento, a nuestros actos les corresponde una actuación en consonancia.

Por otro lado, a menos que procedas de una familia libre desde el punto de vista económico, seguro que has oído desde pequeño innumerables frases como que los ricos son malas personas y no son felices en realidad, que el dinero estropea a la gente, que nadie se hace rico siendo honrado, que la culpa de todo la tiene el dinero y un montón de disparates más que siempre vienen de boca de gente que vive sin tener lo que quiere. Seguro que estas frases u otras del estilo se han quedado grabadas en tu cerebro y sin darte cuenta te están saboteando para que la riqueza no entre en tu vida.

En las siguientes páginas vamos a ir profundizando en ello.

La inquietud por el dinero parte de que lo necesitamos para comer, vivir, estudiar, criar a los hijos, ayudar al prójimo, etc. Por un lado, decimos que el dinero nos da tranquilidad, la posibilidad de ser generosos con los demás o de hacer lo que siempre hemos soñado. Pero, por otro, nos quejamos de que para tenerlo en abundancia hace falta trabajar mucho y no queda tiempo para disfrutar de él. O bien pensamos que la riqueza nos volverá más materialistas.

**Fíjate si es importante que lo utilizamos cada día** y solo por eso debería ser uno de los temas más emocionantes de nuestra vida, un bien precioso que nos permitiera realizarnos. A todos. En cambio, quien no es libre en este sentido tiene en mayor o menor medida limitaciones debidas a conflictos con él precisamente.

Tu modelo mental financiero se compone de pensamientos, sentimientos, creencias y acciones respecto a él. Así que voy a ir por partes para que tengas las herramientas básicas donde agarrarte si quieres comenzar la aventura hacia tu libertad, porque, al fin y al cabo, **el dinero te proporciona libertad** para elegir donde vivir, cómo hacerlo, dónde ir a comer y qué elegir en el menú, a qué colegio llevar a tus hijos; donde, cómo y cuándo ir de vacaciones; libertad para ser solidario y colaborar con los proyectos que más resuenen contigo: humanitarios, medioambientales, educacionales, etc. Para dejar de criticar a quienes tienen por el mero hecho de tener y que ejerzas tu libertad de hacer algo distinto con él.

Piénsalo: **para ser libre en todos los aspectos de la vida lo mejor es ser rico.**

¿Y cómo se hace para ser rico? el primer paso es analizar cuál es tu relación con el dinero. Porque **es partiendo de uno mismo como se conquista la libertad** financiera.

Para no olvidarme de nada, te anticipo que este capítulo abordará estas ocho cuestiones:

- ¿Qué te pasa con el dinero?
- El dinero como herramienta: cada euro cuenta.
- Optimiza tu tiempo.
- Moldea tus palabras.
- Sé agradecido.
- Es tu decisión ser rico o pobre.
- Ejercicios.
- Un breve apunte sobre bibliografía de la abundancia

# V.I. ¿QUÉ TE PASA CON EL DINERO?

*Lo que la gente mediocre llama suerte los
científicos lo llaman causa-efecto. El pensamiento
es la causa que provoca los efectos en tu vida.
Cambia los pensamientos y cambiaras tu vida.*
LAÍN GARCÍA CALVO.

El ambiente donde has nacido y crecido ha sido la primera y fundamental influencia de tu relación con el dinero. Tu situación financiera no se ha creado por casualidad, sino que **eres el artífice de tu destino**. Como cualquier otra área de la vida, está influido por la mente, el conjunto de pensamientos, creencias y emociones que tienes sobre él. La abundancia se crea en la mente. El resto son efectos de lo que tengas ahí.

En el primer capítulo te hablé de las creencias y de su importancia en todos los aspectos. Pues bien, en este me reitero y voy a profundizar aún más, ya que puedes tener todos los conocimientos del mundo pero si tu patrón mental no está programado para la riqueza, estás condenado al fracaso; al menos, si por fracaso entendemos quedarte paralizado, mordido por la resignación y sin llevar a cabo tus sueños.

Ten en cuenta que **tu mente es como un gran armario archivador de información**. Si los archivos que tienes respecto al dinero son de personas cuya relación con el dinero es prejuiciosa, el cerebro, por las opciones de que dispone, te llevará a actuar como ellas. Mientras que si te encargas de introducir archivos nuevos con información de abundancia y de quienes tienen una relación de fluidez en ese sentido, será más fácil que obtengas otro tipo de resultados. **Si en tu armario solo guardas archivos de prosperidad económica, será inevitable  que la prosperidad esté en tu vida**.

Ya sabes que **lo que vives es el resultado de tus creencias**, de manera que tu nivel económico también. No está determinado por tu pasado ni tus circunstancias, sino creado todo ello por tu mente. Creas lo que crees. **Si cambias tu forma de pensar, cambian tus resultados.**

"Si quieres cambiar los frutos, tendrás que modificar primero las raíces. Si quieres cambiar lo visible, antes debes transformar lo invisible. [...] En todos los bosques, granjas y huertos de la tierra, es lo que se encuentra bajo el suelo lo que crea aquello que hay por encima de él".

"El dinero es un resultado, la riqueza es un resultado, la enfermedad es un resultado, tu peso es un resultado. Vivimos en un mundo de causas y efectos".

Principio de riqueza de Harv Eker en *Los secretos de la mente millonaria.*

Te invito a hacer un ejercicio:
- Piensa tres palabras que se te vengan a la mente sobre el dinero.
- ¿Qué piensas de los ricos?
- ¿Cuál es la frase más frecuente que oías cuando eras pequeño sobre el dinero?

Con estas repuestas puedes tener una idea aproximada de cómo andan tus creencias al respecto. Al final del capítulo adjunto ejercicios para que puedas profundizar un poco más, si tienes interés.

Un ejemplo muy claro de la relación entre las creencias y el dinero es el de los judíos: Es sabido que son grandes comerciantes, gente prospera y culta. Has de saber también que desde muy jóvenes estudian dos libros milenarios, la *Torá* y el *Talmud*, en los que ya existen consejos sobre finanzas e inversión. Y, además, creen que si la persona puede mejorar su calidad y nivel de vida, podrá servir a Dios de una manera mejor, por lo que usan su tiempo y conocimiento en crear negocios que les permiten conquistar flujos de dinero duraderos.

Hay personas que piensan que ser rico es ilegítimo o inmoral. Yo creo que lo que debería ser ilegítimo e inmoral es trabajar haciendo algo que no te gusta por dinero, para poder pagar las facturas y mantenerte vivo, pero sin apenas tiempo para desarrollarte como persona y disfrutar de la vida.

Si lo que tienes ahora es suficiente para ti, sigue haciendo lo que has hecho hasta hoy porque está en consonancia contigo. En cambio, si quieres conseguir más abundancia en tu economía, **comienza por observar tus creencias limitantes, adopta hábitos de personas que ya son prosperas y lee libros sobre el dinero.**

---

"El único modo de cambiar de forma permanente la temperatura de la habitación es programar de nuevo el termostato. De la misma manera, el único modo de cambiar tu nivel de prosperidad económica 'de forma permanente' es reprogramar de nuevo tu termostato económico".
*Principio de riqueza* de Harv Eker.

---

Ahora vamos a ver más de cerca algunas creencias limitantes para que compruebes en qué punto están las tuyas:
- La gente como yo no se hace rica.
- Ser rico es cuestión de suerte o del destino.
- Si me hago rico, todos querrán algo de mí.
- Gestionar la riqueza no me dejará tiempo para otra cosa. Demasiada responsabilidad.
- No te puedes hacer rico haciendo lo que quieres.
- Podrían robarme.
- La mayor parte de las inversiones son demasiado arriesgadas.
- Las personas ricas son egoístas. Solo piensan en sí mismas y en ganar más y más dinero.

Estas son algunas, aunque podría escribir un libro entero con ellas. Pero recuerda: debes **dinamitar las creencias limitantes con respecto al dinero.** Solo tienes que convencer a tu mente y podrás convencer al mundo. Deja que te ponga algunos ejemplos:
- <u>Para conseguir dinero, hay que trabajar muy duro</u>: quien piensa así es porque en su familia ha debido ser así durante generaciones, es decir, no han conocido otra forma de ganar dinero más que trabajando muy duro. Y hasta que no cambie la creencia así seguirá siendo. Pero hay muchas personas que trabajando muy poco o sin trabajar, porque se dedican a hacer lo que les gusta, son ricas.

Detente y analiza quién echa más horas en trabajar realmente duro: ¿un rico o un pobre?

• <u>Ganar dinero es difícil</u>: puedes tener esta percepción si no eres rico, pero si lees y te formas, podrás convertirte en un experto en cómo hacer dinero. Aprenderás las reglas del juego y podrás ganar mucho más de lo que ganas ahora.

• <u>Nadie se hace rico siendo honrado o el dinero corrompe</u>: si en tu familia o personas que te rodeaban nunca nadie fue rico y feliz, vuestra mente —la tuya, en concreto— busca una justificación y se fija en casos en los que la riqueza ha propiciado dejar de ser honrados. Sin embargo, **la mayoría de la gente próspera es muy honrada y generosa**, son buenas personas y nunca se han corrompido por el hecho de tener dinero.

• <u>Tendré que pagar más impuestos</u>: es cierto, pero si tienes un millón de euros ¿qué más te da contribuir con los impuestos que te correspondan? ¿Por qué tener miedo a pagar si vives en la abundancia y sabes gestionarte? ¿No te encantaría contribuir a que se beneficie la sociedad, se puedan construir mejores carreteras, ciudades con más ventajas arquitectónicas y más saludables y que se restaure todo aquello que es patrimonio común?

• <u>El dinero no da la felicidad</u>: es muy frecuente esta idea, sobre todo, en la denominada *clase media* y, aunque es cierto, tampoco te la quita, como se da a entender. Y eso sí: alivia mucho la vida.

Convendrás conmigo en que es curioso que la criatura más evolucionada del planeta, el ser humano, tenga esta capacidad de limitarse a sí misma con sus creencias. Mira qué comparación establece este gran hombre de negocios y experto en motivación que es Harv Eker:

"Si un roble de treinta metros de altura, tuviese la mente de un ser humano, ¡solamente crecería hasta una altura de tres metros!".
*Principio de riqueza, Harv Eker.*

La diferencia entre alguien rico y alguien que no lo es radica en su forma de pensar. El gran secreto del éxito en la vida es la capacidad de poder controlar los propios pensamientos. Recuerda que las creencias son tu programación:

**Creencias = pensamiento = acción= resultados**

En su libro *El código del dinero*, Raimon Samsó lo explica así: "La prosperidad es un efecto y su causa son las creencias sobre el dinero y la educación financiera. El dinero siempre es el efecto de una causa y la causa siempre está en la mentalidad". ¿No te crea una expectativa increíble? ¡El cambio empieza en tu cabeza!

**Los pensamientos de pobreza conducen a la posición de víctima**: "Es que no tengo estudios", "es que no tuve oportunidades", "es que mi familia no me apoyó", "es que el gobierno tiene la culpa". También has de saber que la pobreza lleva implícito trabajar, trabajar, trabajar y nunca prosperar. No sé quién inventó eso de que el trabajo da la felicidad, porque si el dinero no la da, un trabajo al que acudes para sobrevivir, menos aún.

Si te sientes identificado con la cantinela del párrafo anterior, debes **asumir la responsabilidad** de la situación, asumir que estás dónde estás debido a las decisiones que has tomado a lo largo de tu vida y en absoluto imputables a *la mala suerte*.

Por otro lado, ten en cuenta y tatúatelo en la cabeza que **la queja es un repelente de la abundancia**. Es un denominador común entre pobres y clase media *quejarse por todo*. Y no hay nada más dañino para tener abundancia y ser feliz que esta práctica. Pero, a su vez es, una forma de atraer la atención de otros, práctica que nos convierte en *yonkis* de este comportamiento.

Cuando te pilles protestando, detente y recuerda que no te favorece. **No creas ni una palabra de lo que te dices**, es más, no te creas ni un pensamiento de los que tengas. Es solo un patrón de comportamiento arraigado que no te beneficia, así que, hay que cambiarlo por otro más atractivo y realista. Esto aumentará tu capacidad de observación y, poco a poco, tu consciencia, que es directamente proporcional a la libertad y capacidad de crear la realidad que deseas. **Recuerda que la dificultad real estriba en la falta de entrenamiento.**

En ciertos niveles de consciencia el éxito económico es imposible y, en cambio, en otros es inevitable. Einstein decía que todo es energía y que, si igualas tu frecuencia a la de la realidad que quieres, no podrás evitar tener esa realidad. **No es filosofía, es física** y no falla nunca. Si todavía no tienes lo que quieres, hay un responsable en primer lugar: tú. Luego, si acaso, se te han ido sumando otros que han venido a corroborar tu idea.

Nos cuesta cambiar la vibración que emitimos porque está determinada por nuestras creencias. Si tus creencias aceptan la idea de riqueza en tu vida, tu mente, en algún nivel de su arquitectura neuronal, encuentra la manera, ¡y, si no, la crea! Y algo que se deriva de ello y que es muy estimulante es lo siguiente: **cuando tú prosperas, tu entorno también lo hace**. ¡Te desafío a que lo pruebes!

Una vez que eres consciente, puedes ver tu programación como lo que es: una grabación de información que recibiste y creíste en el pasado, en un momento que eras demasiado joven para poder discernir. Ahora es imprescindible que elijas sabiamente tus pensamientos.

## V.II.  EL DINERO COMO HERRAMIENTA: CADA EURO ES IMPORTANTE

*Lo mejor que el dinero puede comprar*
*es la propia libertad financiera.*
ROB BERGER.

¿Cuánto tiempo dedicas a la semana a controlar tus gastos e ingresos? Hay personas que dicen que el dinero no es importante, pero se pasan ocho horas al día en un trabajo que no les gusta... por dinero. Esto son, como mínimo, cuarenta horas a la semana, dos mil ciento sesenta horas al año para conseguir algo que no es importante para ellos. ¿No te parece que se engañan a sí mismos? Además, no dedican ni un solo minuto a administrarlo. Te confieso que yo era una de ellas y que ahora me resulta una completa incoherencia.

Por otro lado, están quienes lo valoran y dedican tiempo a formarse para aprender a administrar sus ingresos y gastos. Para que el dinero no se convierta en un problema y tengan que verse en la necesidad de hacer algo que no les gusta... por dinero. Ponen sus ganancias a trabajar para ellos y se dedican a disfrutar de la vida. Adivina de qué sector se trata. Efectivamente: es el de esas personas que llamamos *ricas*.

Para alcanzar un bienestar financiero debes saber **en qué inviertes cada euro**. Te recomiendo apuntar todos lo que gastas a diario. Yo lo hago en una hoja de Excel porque me facilita la tarea. Si te resulta tedioso, puedes guardar los tickets en un sobre y, una vez a la semana o a fin de mes, ponerlo sobre papel. Esto te dará claridad a la hora de saber *en qué se te va*. Tal vez te preguntes para qué te sirve. Te lo cuento: además de proporcionarte claridad sobre tus finanzas, si observas que a final de mes tienes un gasto de treinta euros en helado, ya sabes en qué *se te van* trescientos sesenta euros al año y, si en algún momento necesitas esta cantidad, sabes que solo con dejar de comprar helado la tienes cubierta.

**La claridad te abre puertas** a la hora de manejar tus finanzas. También ayuda a darte cuenta de en qué empleas tus recursos, porque has de saber que cada euro es como un voto: allí donde lo pones contribuyes a su expansión.

Te invito a hacer algo más: examina a fondo cada armario, cajón, y vende todo lo que no has utilizado en el último año: prendas de vestir, joyas, electrónica, equipo para el deporte, accesorios de cocina, todo en lo que has gastado dinero y sin embargo no utilizas. No tienes necesidad de todas esas cosas y van a suponer **tu primer ingreso extra**.

Si quieres prosperar económicamente **dedica tiempo a tus finanzas**. Un indicador para saber el interés por tu economía es responder a las siguientes preguntas:

- ¿Cuánto ganas al año?
- ¿Cuánto debes?
- ¿Cuánto ahorras?

Para un sano funcionamiento de tu economía existe una fórmula que aplicar a las ganancias mensuales:

- **Ahorro 10 %**: si ahorras el diez por ciento de tu salario en un año, al cabo de diez años tendrás el equivalente a un año de tu sueldo. ¿Imaginas? Este montante ayudará a que te sientas más libre a la hora de cambiar de trabajo o a realizar tu pasión. Es un colchón de seguridad.

- **Formación 10 %**: si inviertes esta misma cantidad en formarte, después de diez años te habrás catapultado hacia donde tú quieras llegar. Habrás aprendido todo lo que necesitas saber para dedicarte a eso que te apasiona y te habrás convertido un experto en la materia.

- **Inversión 10 %**: con la misma cantidad de dinero invertida, inevitablemente, antes o después, dará sus frutos y dispondrás de más tiempo para hacer lo que quieras.

- **Dar 10 %**: **la vida es dar y recibir**. Las personas que viven en la abundancia son grandes dadoras. Disfruta compartiendo el diez por ciento de tus ganancias. Si al principio no puedes, al menos comparte tu tiempo, que también es valioso, jugando con tus hijos, en alguna asociación, colaborando en algo. Para recibir primero hay que dar.

- **Lujo 10 %**: este lo tienes que gastar mes a mes. Sí o sí, cada mes debes destinar un diez por ciento a comprarte eso que te gusta, ir a un restaurante caro, hacer un viaje, tomar unas copas, lo que tú quieras. Pero es importante que sientas que administrar tu dinero tiene sus recompensas.

- **Gastos fijos 50 %**: aquí entra todo lo que necesitas para vivir: comida, agua, luz, alquiler o hipoteca, coche (si realmente lo necesitas), teléfono, internet y demás gastos que puedas tener.

Cuando empezamos a utilizar esta fórmula mi pareja y yo, nos dimos cuenta de que el coche era un lujo porque podíamos ir a trabajar en bici o en transporte público, así que pasamos los gastos del coche, que rondaban los tres mil euros anuales, a la parte del lujo. Tras darnos cuenta de que realmente utilizábamos el coche para ir un fin de semana al mes, como mucho, a la montaña o a la playa, observamos que era más barato alquilar un coche que, además, siempre estaba limpio, nuevo, con la ITV pasada, etc. Así fue como tomamos la decisión de vender el coche. Y ese ahorro de más de doscientos euros mensuales nos proporcionó un ingreso extra que invertimos rápidamente en formación. **Reduciendo tu coste de vida, aumentas tus ahorros y fondos para invertir.**

Si tienes deudas, lo primero es deshacerte de ellas. Y empezar a administrar aunque solo sea diez euros al mes. Lo importante es que te acostumbres a gestionar. Como todas las cosas nuevas, que tal vez impresionan al principio, **se trata de adquirir hábitos** a partir de ese nuevo enfoque. Es probable que al principio te obceques en la suma que has reservado y que no puedes gastar. Poco a poco, sin embargo, empezarás a gestionar lo que tienes y disfrutarás con placer al ver que el dinero que has ahorrado y reinviertes trabaja para ti.

**Administrar tu dinero te permite crear tu libertad** económica y que... puede que no tengas que trabajar nunca más. ¿No es una perspectiva alucinante?

**Muchas personas son pobres por miedo**. Me explico: tienen miedo a perder, a ser rechazadas, a que la cosa no funcione, a corromperse, a no saber qué hacer, a perder la cabeza; tal vez, a aburrirse. Es importante verlo y seguir avanzando porque esta mentalidad se opone a la riqueza. Y lo peor del miedo es, no solo que te paraliza, sino que también es un hábito, y como tal, queda activado desde el piloto automático y dirige a la persona, incluso en contra de su voluntad.

Actuar desde el miedo a arriesgar dinero en una inversión o proyecto es hacerlo desde el miedo a poner la simiente. **Y si no plantas la semilla no podrás recoger los frutos.** El miedo es el freno más grande de la humanidad. Con miedo no hay libertad.

En la Biblia ya se hacía referencia a esto. ¿Recuerdas la parábola de los talentos? (Mateo 25:15-18): "El que había recibido cinco talentos fue a negociar con ellos y ganó otros cinco. De la misma manera, el que recibió dos, ganó otros dos, pero el que recibió uno solo, hizo un pozo y enterró el dinero de su señor".

En este extracto, Jesús habla de la importancia de usar los recursos que tenemos. El dinero, como un recurso valioso, tiene la cualidad de multiplicarse si se aprende a invertirlo correctamente. Pero el miedo o la ignorancia en temas financieros puede hacer que lo guardes o que, incluso, lo pierdas.

Déjame recordarte que **el movimiento es salud** y que lo es en todas las aéreas de la vida, también en la económica. Es como el agua que, si se estanca, se pudre. El dinero, si no se mueve, no sirve para nada. Debe estar en movimiento para crear abundancia de mano en mano y, cuanto mayor sea el movimiento, mayor se hará el flujo que recibas y des.

### ACTIVOS Y PASIVOS

Pasivo es todo lo que te cuesta dinero y no te aporta ningún ingreso. En mi caso, el coche era un pasivo porque solo generaba gasto. También puede ser una casa en la playa o en la montaña, que utilizas una vez al año y el resto del tiempo te está generando gasto. Todo lo que saca dinero de tu bolsillo es pasivo.

#### Pasivo = cuesta dinero

Activo es todo lo que crea dinero sin que tú estés presente. Por ejemplo: una casa alquilada, un libro, vender fotografías, máquinas de *vending*, inversiones, etc. Te interesa crear activos.

#### Activo = crea dinero

La clase media y baja, cuando junta un poco de dinero, lo primero que hace es conseguir un pasivo y es un gran error porque, si tienes un sueldo que te permite vivir sin muchos lujos y adquieres un pasivo, por ejemplo un coche, empezarás a vivir con más dificultad porque tendrás que sufragar los gastos de seguro, gasolina, revisiones, etc. Y te verás en la tesitura de tener que trabajar más o privarte de cosas para costearlo. A menos que necesites el coche para conseguir los ingresos, es mejor alquilarlo para las ocasiones que lo necesites y así puedes disponer de él sin ser tú quien lo mantenga. **Evita tener pasivos.**

Un empleo no puede considerarse un activo porque deja de darte dinero cuando no estás presente y requiere muchos recursos, sobre todo, tiempo. En cambio, un activo seguirá proporcionándote dinero después de que tú hayas dejado de trabajar.

Adivina cuál es *hobby* favorito de la gente rica. Así es: **crear activos**. Es dinero que entra en tu bolsillo. En el libro de *El hombre más rico de Babilonia,* dice George Samuel Clason que cada euro que ganamos lo podemos poner a trabajar para nosotros, que "es como un soldado de oro".

**Los ricos hacen que su dinero trabaje mucho para ellos, los pobres trabajan mucho por poco dinero.**

Contrariamente a lo que se cree, no puedes aumentar tu riqueza por el muy necesario aunque modesto método del ahorro. El mejor método para aumentar lo que ya tienes **es gastar menos de lo que ganas e invertir la diferencia**. Con más dinero, siempre eres tú quien elige cómo gastarlo. Puedes pensar solo en ti mismo o ayudar en proyectos solidarios.

## V.III. OPTIMIZA TU TIEMPO

*Un hombre que se atreve a perder una hora de su*
*tiempo no ha descubierto el valor de la vida.*
CHARLES DARWIN.

Hay un refrán popular que dice que "el tiempo es oro". Yo creo que el tiempo es aún más valioso que el oro, porque el oro, si llegado el caso lo pierdes, puedes comprar más, pero el tiempo no. Es el único valor finito y si lo pierdes no vas a poder ir a conseguir más a ningún sitio. No obstante, parece que vivamos ajenos a esta realidad y perdemos el tiempo como si tuviéramos de sobra. Cada minuto que malgastas no volverá jamás. Antes de lo que piensas te vas a morir y, como no hayas aprovechado tu tiempo en hacer aquello que te gusta, en estar con tu familia y en disfrutar de la vida, lo lamentarás.

Elisabeth Kübler-Ross, psiquiatra americana que ha acompañado a miles de personas a dar su paso al final de la vida, cuenta en uno de sus libros que nunca nadie le ha dicho antes de morir que se arrepentía de haber intentado hacer algo. Sin embargo, daba igual si las personas tenían cincuenta, setenta o cien años, muchas le confesaron estar arrepentidas de no haber realizado sus sueños o de ni siquiera haberlo intentado. ¿No es tremendo despedirse de la vida con esta pena por dentro?

El problema es que hemos hecho de la pereza una rutina y de la pobreza una cultura. Hay quien quiere descansar por el día y dormir por la noche. Y estas personas, al final de su vida, casi con toda probabilidad se arrepentirán y, no solo, sino que el camino recorrido hasta entonces estará pavimentado de lamentos. ¿Puede haber algo más triste que morir sintiendo no haber vivido la vida?

No desperdicies el tiempo. Dicen que tal como andan tus finanzas, así anda tu vida en general. Si no tienes la abundancia que te gustaría, casi seguro que **puedes optimizar mejor el tiempo de que dispones.** Quizás lo pierdes viendo televisión o no lo aprovechas en lugares como el transporte. Déjame decirte que **vivimos en la era de la información**, que nunca ha sido tan fácil en la historia de la humanidad adquirir conocimientos. Si te apetece sentarte a ver audiovisuales, puedes hacerlo y formarte con simples vídeos de YouTube, donde puedes aprender desde cocinar hasta hacer una casa ecológica. Es una maravilla tener tanta información a golpe de dedo. ¡Aprovéchala! ¡Sírvete de ella! En el trayecto al trabajo puedes escuchar audios, conferencias, audiolibros y todo lo encuentras de forma gratuita en aplicaciones como Ivoox. Si ese trayecto es de media hora, ida y vuelta hacen una hora al día, que multiplicado por cinco días a la semana, por cincuenta y cuatro semanas que tiene el año, arroja un total de doscientas setenta horas anuales. ¡Son casi trescientas horas! Todo ese tiempo aprendiendo algo, muy pronto te convierte en alguien experto en el tema.

A veces no valoramos treinta minutos porque nos parece poco, pero si lo observas con perspectiva, **media hora al día** leyendo, estudiando, haciendo ejercicio, meditando o lo que quieras hacer, suma un total de **ciento ochenta y dos horas al año**. No me digas que no es una cifra que puede generar un gran avance en tu vida...

A las personas que saben gestionar y aprovechar el tiempo nunca les falta dinero. Son más creativas, proactivas y prósperas. Y si quieres ser una de ellas, tienes que aplicarte a una formación continua. Hay quien tiene *alergia* a estudiar porque recuerda esos tediosos años de colegio, sentado en un pupitre y escuchando cosas que no le interesaban. Pero ahora se trata de que te formes en lo que te gusta; te aseguro que no te va a resultar aburrido en absoluto. Al contrario: te va a encantar. Al igual que cuando profundices en inteligencia financiera y veas crecer tu capital. **¡Te va a encantar!**

Las personas no avanzan cuando compran más licor que libros o cuando creen que comprar cosméticos es más importante que invertir en su educación.

> "Si piensas que la formación es cara, prueba la ignorancia".
> *Benjamin Franklin.*

Por si no lo sabes, además de cambiar de milenio, hemos cambiado de paradigma laboral. Me explico: en tiempos en los que la base de la economía era la agricultura, eras rico si poseías tierras; en la era industrial lo eras si tenías capital; en estos momentos de la historia, el capitalismo está dando sus últimos coletazos para dar paso a la era de la información donde te irá muy bien si eres próspero en conocimientos.

Eric Hoffer, ya en 1970, dijo:

> "En tiempos de cambios, quienes estén abiertos al aprendizaje heredarán el mundo. Mientras que aquellos que creen saberlo todo estarán bien equipados para un mundo que ya no existe. **Los analfabetos del siglo XXI no serán quienes no sepan leer ni escribir, sino quienes no sean capaces de aprender, desaprender y re-aprender".**
> *Eric Hoffer.*

Dice Raimon Samsó que los sistemas educativos nos preparan para el fracaso financiero. Por supuesto, sin mala intención, pero **no son las intenciones lo que cuentan sino los resultados.** Y también Einstein decía: "El aprendizaje está obstaculizado por la educación".

Así que, ya sabes, olvida los conocimientos obsoletos que tengas, empieza a desaprender viejas creencias y **fórmate por tu cuenta**, porque nunca es tarde: da igual si tienes veinte, cuarenta, sesenta u ochenta años. **Aprender lo que te gusta es divertido**, hazlo mientras sigas vivo y verás cómo disfrutas.

La nueva moneda se llama conocimiento y las personas son pobres o ricas según este parámetro. Los ricos aprenden y crecen de manera continua, en tanto que los pobres piensan que ya lo saben todo. En el nuevo entorno económico, las reglas son diferentes y quienes juegan con las viejas se quedan fuera de juego.

> "No seas un realista mediocre, sé un soñador realista. [...]. Sé un soñador realista, lo que significa que no solo piensas en cambiar las cosas y meditas acerca de ello, sino que haces que las cosas pasen. Sabes que habrá desafíos, pero también sabes que cuando llegue el momento, tú serás más grande que cualquier obstáculo".
> *Laín García Calvo.*

Serás más grande que cualquier obstáculo porque estarás formado para ello. Tus ingresos pueden crecer únicamente hasta donde lo hagas tú.

Hay una tendencia generalizada a pensar que la crisis es el problema, porque no se sabe que la educación financiera agrava la situación ante la crisis de modelos y la deja indefensa ante la globalización. El coeficiente de inteligencia financiera es lo que hace ricas a las personas, no el dinero.

---

"Es la ignorancia quien provoca el caos, no el conocimiento".
*Película: Lucy.*

---

# V.IV. MOLDEA TUS PALABRAS

*Con diamantes y dinero mucho se obtiene en verdad,
pero con dulces palabras aún se obtiene mucho más.*
CHARLES PERRAULT.

¿Qué es lo que repites todos los días? ¿Cómo ocupas la mente? Ya sabes que **las palabras crean cuadros mentales**. Las positivas son como puertas o ventanas que amplían la visión, mientras que las negativas, lejos de ser puentes, son muros que reducen la panorámica. Es más: a veces, no solo la reducen, sino que la aplastan.

Si dices a menudo que no tienes dinero, nunca lo tendrás; si dices que no tienes tiempo, así será; si dices que no sirves para los negocios, no servirás. Las palabras no se las lleva el viento, al contrario: **crean la realidad**. Cuando empieces a utilizar palabras positivas, empezarás a ver el lado favorable del mundo, porque estas aportan energía e impulsan a la mente, no solo a ser más creativa, sino a actuar.

Una de las palabras que más escuchamos de niños es NO. Y esto nos limita e infunde miedo. Prueba a decir lo mismo sin utilizar el *no*. Por ejemplo:

- En lugar de decir: "No sirvo para los negocios", di mejor: "Me estoy preparando para los negocios."
- En lugar de decir "no tengo dinero", puedes decir "estoy sin liquidez en este momento".

Las personas de éxito le prestan atención a su lenguaje. **El lenguaje es poderoso**: crea imágenes en nuestra mente. Un lenguaje positivo usa palabras energizantes, constructivas. La abundancia empieza con este binomio: pensamientos y palabras. **Un pensamiento es una palabra en silencio y una palabra es un pensamiento hablado.**

Napoleón Hill, muy conocido por su libro *Piense y hágase rico*, cuando le preguntaron por qué decidió ese nombre para el libro respondió que podía haberle puesto: *Estudia y triunfa* o *Trabaja y hazte rico*, pero creía en el gran poder que ejercen los pensamientos y en su poder ilimitado.

"La autodisciplina comienza con el dominio de tus pensamientos. Si no controlas lo que piensas, no puedes controlar lo que haces. Simplemente, la autodisciplina te permite pensar primero y actuar después".

*Napoleón Hill.*

# V.V. SÉ AGRADECIDO

*El agradecimiento es la memoria del corazón.*
LAO TSE.

Como puedes observar, se repiten los mismos conceptos de los que te he hablado en el capítulo II, sobre la inteligencia emocional, pero hay ideas que son básicas e imprescindibles para una existencia armoniosa y equilibrada.

La gratitud es un hábito de los ganadores. Las personas que viven en la abundancia son personas que **empiezan su día dando gracias** al Universo, a Dios, a ellos mismos, a sus padres… **Las personas prósperas piensan que hay para todos.** Creen en un Universo pródigo, generoso, abundante en todos los sentidos. Piensan que todos pueden tener éxito y por eso se alegran con el éxito de los demás. Los pobres, sin embargo, piden a Dios, al gobierno, a quien sea, porque piensan que el Universo es escaso y que, si hay para unos, no hay para otros; como consecuencia, viven en una realidad de escasez, lo que a su vez les hace reafirmarse en sus creencias.

La persona exitosa admira a otra gente que también lo es, ve la vida desde otro prisma. Cuando advierte que alguien tiene éxito, muy lejos de sentir envidia, piensa: "Gracias, me estás demostrando que sí se puede". Y se alegra por la felicidad del otro, a sabiendas de que **una bombilla más encendida ayudará a todos a ver mejor el camino.** A la gente pobre le molesta la gente rica y próspera porque creen que ellos no pueden conseguirlo. La envidian. Y la envidia es el sello de la escasez. Por eso es esencial saber alegrarte —de forma genuina, claro— con el éxito de los demás. **La generosidad y la alegría son semillas de abundancia.**

---

"Bendice todo aquello que quieras". FILOSOFÍA HUNA.

---

# V.VI. SER RICO O POBRE ES TU DECISIÓN

*El verdadero precio de todo es la cantidad*
*de vida que cambias por él.*
Henry David Thoreau.

Como sabes, todo tiene un precio. Hay un precio para la riqueza y un precio para la pobreza. Tú eliges. Dentro de ti está todo lo que necesitas para conseguir lo que te propongas, de manera que puedes pagar el precio de la riqueza y convertirte en una persona libre financieramente. O puedes preferir pagar el precio de la pobreza porque te resulta más cómodo, permanecer en tu zona de confort. Pero debes estar dispuesto a invertir, en lo uno o en lo otro.

¿Cuesta lo mismo ser rico que ser pobre?

Hay quién cree que el precio para gozar de abundancia en las cosas buenas de la vida es muy alto. Yo te lo resumo aquí para que juzgues:

- Observar tus creencias.
- Gestionar tu economía.
- Aprovechar el tiempo.
- Estar dispuesto a formarte.
- Vigilar tus palabras y ser agradecido.

Y a cambio obtendrás:

- Tranquilidad.
- Poder vivir de ejercer tu pasión.
- Libertad en todos los aspectos de tu vida.
- Comodidad.

El precio por ser pobre y quedarte en tu zona de confort es, por el contrario:

- Inseguridad.
- Incomodidad.
- Decisiones cohibidas.
- Miedo a que falte.

- Conformismo.
- Sufrimiento.
- Angustia.
- Tristeza.

Desde mi punto de vista, es mucho más alto el precio que se paga por ser pobre que el que se paga por ser rico. Porque lo vas a pagar con tu libertad: al no poder hacer lo que quieras, ayudar a quien quieras o vivir donde desees. Esto es así de real.

## EJERCICIOS

1.  Escribe rápidamente **tres palabras que asocias** con:
    - El dinero
    - La riqueza.
2.  **Responde** a estas preguntas:
    - ¿Qué piensas de los ricos?
    - ¿Cuál es la frase más frecuente que te decían tus padres sobre el dinero? Escribe todo aquello que has oído decir de niño respecto al dinero y a la riqueza.
    - ¿Piensas que eres el primer responsable de tu bienestar financiero?
    - Del 1 al 10, ¿qué grado de satisfacción tienes acerca de tu situación financiera actual?
    - ¿Qué dirían los demás de ti si fueras más rico?
3.  Piensa en **la cantidad de dinero que te gustaría ganar y acumular** en tu cuenta. Escríbela. No hay nada malo en desear mayor riqueza y cada uno puede atraerla a su propia vida. La historia nos enseña que **no hay límites en las posibilidades de ganancia.**
4.  Ya sabes que primero debes convencer a tu mente de que es bueno para ti, así que **escribe:**
    - Diez cosas que vas a cambiar en tu vida cuando seas libre económicamente.
    - Diez razones por las cuales mejorará la vida de las personas que te rodean.
    - Diez contribuciones que harás.
5.  Por último te propongo un reto:
    **No quejarte durante siete días.** Y no vale quejarse irónicamente. Cada vez que te pilles quejándote por algo, da marcha atrás en tu mente y obsérvalo de forma que aceptes la situación como es.
    **La queja aniquila la abundancia.** Aunque solo sea por eso no te quejes.

# UN BREVE APUNTE SOBRE LA BIBLIOGRAFÍA DE LA ABUNDANCIA

Hay muchos libros que tratan este asunto de la libertad financiera y la mente que la propicia. He extractado estos para ti que encontrarás citados al final y de los que quiero hablarte de forma escueta, para que sepas qué te puedes encontrar:

En *Los secretos de la mente millonaria*, T. Harv Eker explica que dentro del inconsciente existe un patrón personal del dinero. Si ese patrón es un patrón de pobreza, hagas lo que hagas, siempre serás pobre. No se trata de trabajar duro, sino de cambiar lo que hay en la mente.

Por otra parte, en *Piense y hágase rico*, Napoleón Hill resume las Leyes del Éxito, una investigación realizada por Napoleón Hill, que tuvo por objetivo descubrir como pensaban las mentes más exitosas del mundo. Los hallazgos son impresionantes. Mientras los ricos planifican su próximo negocio, los pobres planifican su próximo fin de semana.

En *El código del dinero*, Raimon Samsó explica de forma muy clara las reglas del juego del dinero y expone diferentes posibilidades de crear ingresos activos.

Otro título: *El hombre más rico de Babilonia*, de George Clason. En él, muestra, con casos prácticos, como ir de menos a más, sin caer en los consejos facilistas ni en las fórmulas mágicas que prometen riqueza rápida.

Y dos más que te recomiendo: por un lado, *Padre rico, padre pobre*, de Robert Kiyosaki. Aquí, el autor propone proyectar dos tipos de pensamientos en la propia vida: el pensamiento de los ricos y el pensamiento de los pobres. Mientras el pobre quiere dinero, el rico busca libertad. Mientras el pobre cree que "el dinero es sucio", el rico cree que "el dinero es bueno".

Y por otro lado y para terminar, *Cómo atraer el dinero*, de Laín García Calvo, en el que expone múltiples formas de convencer a tu cerebro para conseguir el objetivo. Además, tiene un cuaderno de ejercicios y una visualización sobre cómo atraer el dinero para practicarla a diario.

# EPÍLOGO

*La mente que se abre a una nueva idea,*
*jamás volverá a su tamaño original.*
ALBERT. EINSTEIN.

Espero que después de leer este libro, tu mente nunca vuelva a su ta-maño original y que eso te proporcione más claridad y prosperidad.

Es la forma de ver y vivir en el mundo lo que tiene que cambiar. Si la mente no cambia, el mundo nunca lo hará. El ser humano sufre más porque añade sufrimiento al sufrimiento.

Como ejemplo de que puedes conseguir todo lo que te cuento, voy a compartir contigo de forma muy breve, la historia de una mujer que admiro profundamente, que falleció en 2017: Louise Hay.

Comenzó su vida pobre, con una madre soltera que no tenía tiempo para ella, padeciendo maltrato y teniendo que ponerse a trabajar muy joven. A los dieciséis años se quedó embarazada y se vio en la tesitura de tener que dar en adopción a su hija. Víctima de la falta de afecto hacia sí misma, sufrió abusos y humillaciones por varias de sus parejas. Trabajó como camarera y limpiadora durante muchos años e, incluso, como mo-delo. Se casó y, a los catorce años de matrimonio, su marido la abandonó para casarse con otra. En este duro momento comenzó a estudiar me-ditación trascendental y sanación mental. Le diagnosticaron un cáncer incurable y le dijeron que le quedaba poco tiempo de vida.

Fue entonces cuando tomó las riendas de su vida, cuando **aceptó el diagnóstico pero no el pronóstico** y cuando comenzó a efectuar cambios tan oportunos como drásticos: desde su forma de comer, que viró al ve-getarianismo estricto, pasando por el ejercicio y el estudio sobre el poder de la mente y los pensamientos, hasta incluir todo tipo de prácticas con el eje puesto en el amor a sí misma por encima de todo.

Y el milagro tuvo lugar: superó el cáncer sin medicina y escribió su primer libro: *Sane su cuerpo.*

Gracias estas acciones, artífices del prodigio, su vida se transformó de arriba abajo: se hizo millonaria desarrollando su pasión, que no era otra que ayudar a los demás. Creó una fundación para jóvenes necesitados, donde ayudó a miles de personas a transformar sus vidas. A los setenta años se inició en la práctica del ballet, que siempre le había gustado; a los ochenta, en la del piano; y a los noventa falleció dejando trece libros fantásticos y una enorme huella de amor en el planeta.

Aquí tienes el ejemplo de que no importa lo difícil que haya sido tu pasado: **tu futuro se construye en el presente. No importa de dónde vengas**, lo que se juega en el tablero es a dónde vas, que tengas ilusión para seguir adelante, por continuar aprendiendo y disfrutando de la vida hasta el último día. Puedes empezar una nueva andadura hoy y moldearla a tu gusto.

El paradigma de la física cuántica demuestra que la percepción de cada individuo afecta a la realidad y que todos estamos interrelacionados con todo lo que existe. **Si tú cambias, tu vida cambia** y cambia la de todos los que te rodean.

El biofísico Fritz Pop ha demostrado que las células de los seres humanos, las de los animales y las de las plantas desprenden luz bajo la forma de biofotones. Al parecer, estas células, justo antes de morir, incrementan su radiación de manera exponencial, como si fueran supernovas. Millones de pequeñas estrellas mueren y nacen a cada instante en tu cuerpo. Es decir, **la realidad del mundo en que vivimos está formada de luz**. Somos luz concentrada, pequeñas galaxias que emanan energía vibrando a una frecuencia determinada. En consecuencia, la realidad que percibimos depende de nuestro rango de vibración y todo lo que esté fuera de dicho rango es imperceptible para nosotros. **Somos creadores y lo hacemos a través de los pensamientos y las emociones**.

Tu mente es la responsable de hacerte rico o pobre, feliz o infeliz. ¡Atrévete!

---

### ¡Conquista tu cerebro!

---

Olvida lo que ves y **empieza a visualizar lo que esperas ver**. Nada sucede por casualidad, todo en el Universo está milimétricamente diseñado.

Tú formas parte de este Universo, y por ende, nada de lo que pasa en tu vida es producto del azar.

De esto ya hablaba hace dos mil años Jesús cuando decía: "Hasta los pelos de vuestra cabeza están contados". (Lucas 12,1-7). Buena metáfora para que lo entendieran en esa época.

Ahora contamos con científicos de la talla de Robert Lanza, que lo dicen de forma más ajustada a nuestros tiempos: "Existen más de doscientas constantes fundamentales (parámetros físicos) presentes en el sistema solar y el universo, tan exactos que hay que ser muy crédulo para suponer que son mera casualidad". **La casualidad no existe en el Universo.**

---

**Todo sucede por causalidad: causa → efecto.**

---

El fracaso o los problemas nos ayudan a ser humildes y a tomar conciencia de nuestra condición humana. No podemos controlar lo que sucede fuera de nosotros, pero sí modificar nuestra actitud ante ello y decidir cómo vivirlo.

---

"Si no te gusta el mundo que ves, que sepas que no lo puedes cambiar, pero si cambias tu forma de verlo, cambiará tu mundo".
*A.* Einstein.

---

Lo más importante es elegir nuevas formas de pensamiento, nuevos circuitos neuronales: eso ayuda a superar apegos y hábitos de la mente. Te empiezas a acostumbrar a observar nuevas posibilidades y comienzas a salir del refugio invisible de tus creencias, haciendo posibles cosas que otros consideran imposibles y que tú mismo considerabas imposibles mientras no te dabas la oportunidad. Tu verdadera libertad es tu conquista interior.

Siempre que puedas, pasa tiempo en la naturaleza. Está demostrado que produce estados de conciencia y de ánimo especiales. La mente se abre, el corazón se llena de ternura y el cuerpo se vuelve más resistente.

Antes de terminar quiero recordar contigo la esencia de este libro:

• Observa tus creencias, actualízalas y manéjalas a tu antojo.

• Acepta y siente tus emociones. No son buenas ni malas, forman parte de la vida.

• Cada ser humano que te encuentres es tu reflejo. Aprende de él y valora su presencia.

• Se agradecido y quiérete a ti mismo por encima de todas las cosas.

• Desarrolla el poder de tu mente. Medita, visualiza, co-crea tu realidad.

• Realiza tu pasión. Persigue tus sueños y verás la vida de una forma especial.

• Cuida tu cuerpo: haz ejercicio; aliméntate y nútrete de forma óptima; crea nuevos hábitos saludables.

• Consigue esa añorada libertad económica y vive libre de ataduras.

¿Sabes qué? Las personas con carencias económicas, es decir, quienes viven en la falta tienen el hábito de tomar decisiones de modo muy lento y de cambiar esas mismas decisiones a golpe de impulso. Dicho de otro modo: tienden a no perseverar.

Y, sin embargo, si quieres ver resultados inmediatos, comienza de inmediato y sé paciente. Es como cuando plantas algo: practicas la constancia y sigues regando porque, aunque todavía no veas los frutos, tienes la certeza de que saldrán. Además, es vital que sepas lo que quieres recoger y siembres en consecuencia. Si continúas plantando patatas, recogerás patatas; no esperes recoger zanahorias. Para recoger zanahorias, ¿adivinas que tienes que plantar…? ¡Pues eso! Si haces lo mismo de siempre los resultados serán los de siempre. Cambia los aspectos que sean necesarios y verás las consecuencias; eso sí, a su tiempo y a su hora.

Y si te estás preguntando cuándo es el mejor momento para empezar a poner en práctica todo lo que has leído, permíteme que te responda: ¡hoy, ahora, ya! Cada minuto que lo postergues es tiempo que perderás de disfrutar una vida mejor. Cuanto más tardes en plantar, más tiempo pasará hasta que recojas los frutos.

Ahora el poder está en tus manos. Es como en la película de Matrix: ¿pastilla roja o pastilla azul? Tú decides: si eliges la pastilla azul, todo seguirá como hasta ahora, nada cambiará, tendrás los mismos pensamientos, sentimientos y obtendrás los mismos resultados. Está bien porque es tu decisión, aunque debes saber que te estás conformando con una vida mediocre cuando **puedes tener una vida excepcional.**

Y si eliges la pastilla roja, amigo, amiga mía, si decides poner en práctica todo lo que has leído, tu vida dará un salto cuántico. **Mejorará inevitablemente**. Porque tú serás una persona mejor, se te ocurrirán mejores ideas, gozarás de una salud óptima, atraerás abundancia y verás la vida desde el prisma que elijas y no desde el que has aprendido a mirar como consecuencia de lo que otros depositaron en ti.

---

*"Para saber que hay al otro lado de la puerta, tienes que abrirla".*
*Alejandro Román Leis.*

---

Yo te invito a que lo hagas, a que pongas en práctica todo lo que te cuento y a que, luego, decidas. A que, si es útil, lo sigas utilizando y, si no, lo deseches. Nada hay como la propia experiencia de quien tiene el valor de probar durante el tiempo suficiente para que el fruto se desarrolle y crezca. Te invito también a que no esperes el momento *ideal* para empezar a disfrutar y agradecer todo. Disfruta este instante, mientras lees. Agradece poder gozar de este tiempo en que lees, agradece respirar; agradece a todas las células de tu cuerpo por estar vivas, sanas y permitirte vivir esta experiencia; a cada órgano, por realizar su función. Siéntete afortunado por estas y todas las demás cosas de que disfrutas AQUÍ Y AHORA.

Me gustaría terminar con un fragmento de un libro de Ramiro A. Calle, *El faquir*:

"**Dos cosas importantes para la felicidad:**
1. **Casi nada de lo que consideras necesario lo es verdaderamente.**
2. **Para disfrutar de la vida, basta con estar vivo**".

Y recuerda: eres la última versión del ser humano, el resultado de miles de años de evolución. **¡Actúa como tal!**

**¡ACTUALÍZATE!**

# AGRADECIMIENTOS

A todos los que han colaborado en darle forma a este sueño:
**Marian Ruiz**, correctora y *coach* literaria.
Por su trabajo, paciencia y elegancia literaria.
**Alejandro Román Leis.**
Por su escucha, su amor, sus numerosas aportaciones y por enseñarme
con el ejemplo.
**Manuel González Hernández.**
Por permitirme contar su caso y mostrarme que SÍ se puede.
**Jessica Domínguez Mata**
**Carlos Gómez Gandullo**
**Cristina Varela Portela**
**Rafaela González**
Por sus opiniones sobre los capítulos para ayudarme a mejorar.
Al **Centro Europeo de Neoconocimiento** (www.neoconocimiento.com)
por su colaboración y esponsorización.
A **todos los autores** de los que he bebido ¡y comido!
Porque me han nutrido en todos los sentidos al compartir sus
aprendizajes.
**A todas las personas que he conocido** a lo largo de mi vida. Porque
gracias a todas hoy soy quien soy.
**A ti, querido lector.**
Porque sin saberlo has hecho posible la materialización de este libro.

¡GRACIAS, GRACIAS, GRACIAS!

# FUENTES/BIBLIOGRAFÍA

**Capítulo I. Actualiza tus creencias**

- Daniel. (2018). Un ejemplo del increíble poder de la mente: el caso de Sam Londe. Recuperado de: https://www.recursosdeautoayuda.com/poder-de-la-mente-el-caso-de-sam-londe/

- Pérez, José Javier. Posgrado en Bioneuroemoción. "Foro alumnos". Enric Corbera Institute, SL. Rubi (Barcelona). España. (2016).

- Patrono, J. (2012). Epigenética–Entrevista a Bruce H. Lipton. Recuperado de: https://www.caminosalser.com/i1416-epigenetica-entrevista-a-bruce-h-lipton/

- Corbera, Enric. Posgrado en Bioneuroemoción. "Creencias y objetivos". Enric Corbera Institute, SL. Rubi (Barcelona). España. (2016).

**Capítulo II. Inteligencia emocional**

- Corbin, J. A. (2018). Las 70 mejores frases de Inteligencia Emocional. Recuperado de: https://psicologiaymente.com/reflexiones/frases-inteligencia-emocional

- Goleman, D. (2006). *Inteligencia emocional*. Editorial Kairós.

- Sabater V. (2017). Los 5 componentes de la inteligencia emocional. Recuperado de: https://lamenteesmaravillosa.com/componentes-de-la-inteligencia-emocional/

- Corbera, Enric. Posgrado en Bioneuroemoción. "Emociones". Enric Corbera Institute, SL. Rubi (Barcelona). España. (2016).

- Navarro, P.F. (2015). Como desarrollar la inteligencia emocional. Recuperado de: https://habilidadsocial.com/como-desarrollar-la-inteligencia-emocional/

- Hawkins, D. (2014). *Dejar ir*. Editorial El grano de mostaza.

- Hay, L. (2007). *El poder está dentro de ti*. Editorial Book4pocket.

- Hawkins, D. (2014). *El poder frente a la fuerza*. Editorial El grano de Mostaza S.L.

- Sanchis, I. (2012). El corazón tiene cerebro. Recuperado de: https://www.lavanguardia.com/lacontra/20120314/54267641495/annie-marquier-corazon-cerebro.html?fbclid=IwAR0oCfHjDEeo8HxARBCn9ugfnATRcWqQwWDmFQ6ozzHXkm_AV1Sjn0nCbfg

- Puig M. A. (2017). Todo está conectado. Recuperado de: https://www.youtube.com/watch?v=cQthsLfwpnI

- Schucman, H. (2010). *Un Curso de Milagros*. (UCDM). Editorial El grano de Mostaza.

- Puig M. A. (2016). La inteligencia especulativa. Recuperado de: https://www.youtube.com/watch?v=lhg6AFd9G7U

- Enric Corbera Institute. (2016). Temario posgrado PNL aplicada. Programación neurolingüística.

- Robbins, A. (2010). *Poder sin límites*. Editorial Debolsillo.

- Emoto, M. (2014). Los mensajes de agua. Editorial La libre de marzo.

- Norton M. I. (2014). Dar para ser felices. Redes. Recuperado de: https://www.youtube.com/watch?v=pqRUx3s9KGU

- Connirae&Andreas, T. (2008). *PNL La transformación esencial*. Editorial Gaia.

- Sales, I. (2018). Los 4 verbos de las relaciones. Recuperado de: http://espaicoach.net/blog/los-4-verbos-de-las-relaciones/

- Mujer. Guru. (2017). La fidelidad es propia de los más inteligentes. Recuperado de: http://www.mujer.guru/2017/04/25/la-fidelidad-los-mas-inteligentes/

- Angel, P. (2015). ¿Por qué Silicon Valley impuso la meditación? Recuperado de: www.portafolio.co/internacional/silicon-valley-impuso-meditacion-32724

- Garcia-Allen, J. (2018). Mindfulness. 8 beneficios de la atención plena. Recuperado de: https://psicologiaymente.com/meditacion/mindfulness-8-beneficios-atencion-plena

- Euroinnova. (2012). Monitor de Yoga (Vol. 1). Editorial Euroinnova.

- Kotsos, T. (2008). Las ondas cerebrales y los estados de la mente. Recuperado de: https://www.bibliotecapleyades.net/ciencia/ciencia_brain69.htm

- Sheldrake, R. (2011). *Una nueva ciencia para la vida*. Editorial Kairós.

- Chopra, D. (2008). *Sincrodestino*. EditorialPunto de Lectura, SL.

- Dyer, W. (1994). *Tus zonas erróneas*. Editorial Debolsillo.

- Redes. (2012). Somos optimistas por naturaleza. Recuperado de: https://www.youtube.com/watch?v=SRxxh3jGF7c Redes: personas optimistas.

- Arntz, W.; Chasse, B. & Vicente, M. Fragmento de la película-documental: "¿Y Tú Que Sabes?". (2012). Mecánica cuántica. Experimento de la doble rendija. Recuperado de: https://www.youtube.com/watch?v=SzX-R38dZQw

## Capítulo III. Tu misión es tu pasión

- Garelo, M. (2018). La negatividad es contagiosa: rodéate de personas que saquen lo mejor de ti. Recuperado de: https://www.lavidalucida.com/la-negatividad-es-contagiosa-rodeate-de-personas-que-saquen-lo-mejor-de-ti.html?fbclid=IwAR1R3uv0SWT-z-dAL2EqLdCYVrtQVjdktRTAds0uLQB-uI1hLg7mXrDOk5w

- Duró, E. (2011). Optimismo e ilusión. Recuperado de: https://www.youtube.com/watch?v=JsgoU_oobZM

- Robbins, A. (2010). *Poder sin límites*. Editorial Debolsillo.

- National Geographic. (2017). Efecto mariposa. Recuperado de: https://www.nationalgeographic.es/ciencia/2017/11/el-efecto-mariposa

- Hay, L. (2007). *El poder está dentro de ti*. Editorial Book4pocket.

- Puig, M. A. (2016). Cómo alimentarse. El alimento de la felicidad. Recuperado de: https://www.youtube.com/watch?v=hxdC4wZPWLw

- Samsó, R. (2016). *El código de la manifestación*. Editorial Obelisco.

## Capítulo IV. A la conquista de un bienestar perdurable

- Lista de alimentos alcalinos para llevar una dieta alcalina y sus beneficios. Recuperado de: https://dietaalcalina.net/lista-de-alimentos-alcalinos-y-sus-beneficios/

- Ecoportal. (2014). El agua que lo cura todo: alcalina y sin cloro. Recuperado de: https://www.ecoportal.net/paises/internacionales/el-agua-que-lo-cura-todo-alcalina-y-sin-cloro/

- Ecoportal. (2014). El engaño del Flúor, el veneno que mata lentamente. Recuperado de: www.ecoportal.net/temas-especiales/salud/el_engano_del_fluor_el_veneno_que_mata_lentamente/

- Gellene, D. (2018). Arvid Carlsson, who discovered a treatment for Parkinson´s, dies at 95. Recuperado de: https://www.nytimes.com/2018/07/01/obituaries/arvid-carlsson-who-discovered-a-treatment-for-parkinsons-dies-at-95.html

- Pena, I. (2013). Cuatro pasos para liberar a tu cuerpo de los efectos negativos del flúor. Recuperado de: http://reconquistandoeden.com.ar/cuatro-pasos-para-liberar-a-tu-cuerpo-de-los-efectos-negativos-del-fluor/

- Sertox. (2014). Impulsan derogación de ley 21.172 que dispone fluoración de aguas de abastecimiento público. Recuperado de: https://www.sertox.com.ar/modules.php?name=News&file=article&sid=7373

- González, G.J. *Los sorprendentes beneficios del agua alcalina*. Recuperado de: https://www.academia.edu/15783992/Beneficios_del_Agua_Alcalina

- Los secretos de Tony Robbins. (2018). Boletin electrónico. Herramientas para transformar tu vida. *El poder de la linfatización*. Tony Robbins Spain.

- Euroinnova Business School. (2012). *Monitor de Yoga (Vol. 1)*. Editorial Euroinnova.

- Oliva, A. M. ¿Cómo adquirir un nuevo hábito en solo 21 días? Recuperado de: https://www.cuerpomente.com/psicologia/desarrollo-personal/como-adquirir-nuevo-habito-solo-21-dias_523

- Castillero Mimeza, O. Los 14 beneficios de ducharse en agua fría. Recuperado de: https://psicologiaymente.com/vida/beneficios-ducharse-agua-fria

## Capítulo V. Inteligencia financiera

- Samsó, R. (2017). *El código del dinero*. Editorial Obelisco.
- Harv Eker, T. (2015). Libro: *Los secretos de la mente millonaria*. Editorial Sirio.
- García Calvo, L. (2016). Libro: *Como atraer el dinero*. Autopublicado.
- Hill, N. (2012). *Piense y hágase rico*. Editorial Obelisco.
- Kiyosaki, R. (2016). *Padre rico, padre pobre*. Editorial Debolsillo.
- Clason, G.S. (2012). *El hombre más rico de Babilonia*. Editorial SBP.
- Los secretos de Tony Robbins. (2017). Boletín electrónico. Herramientas para transformar tu vida. *Mente y dinero*. Tony Robbins Spain.
- Hay, L. (2007) *El poder está dentro de ti*. Editorial Book4pocket.

## Epílogo

- Cañete, C. La tremenda pero preciosa historia de Louise Hay contada por ella misma. Recuperado de: https://currocanete.com/la-tremenda-historia-de-louise-hay-contada-por-ella-misma/
- (2016). Los seres humanos emitimos luz (y esa dice muchas cosas). Recuperado de: https://culturainquieta.com/es/inspiring/item/10206-los-seres-humanos-emitimos-luz-y-esa-luz-dice-muchas-cosas.html
- The Wachowskis. (1999). Película *Matrix*.
- Calle, R. A. (2008). *El faquir*. Editorial Martínez Roca.

Made in the USA
Las Vegas, NV
21 December 2021

39188498R00100